大病保险创新发展的
模式与路径研究

仇雨临◎著

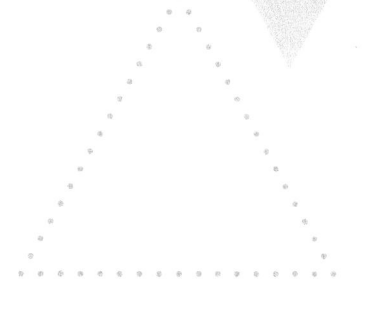

·北京·

图书在版编目（CIP）数据

大病保险创新发展的模式与路径研究／仇雨临著
．--北京：中国经济出版社，2020.12
　ISBN 978-7-5136-6426-4

　Ⅰ.①大… Ⅱ.①仇… Ⅲ.①医疗保险-研究-中国
Ⅳ.①F842.613

中国版本图书馆 CIP 数据核字（2021）第 037760 号

责任编辑	张梦初　陈宇慧　戴　瑛
责任印制	巢新强
封面设计	任燕飞

出版发行	中国经济出版社
印　刷　者	北京九州迅驰传媒文化有限公司
经　销　者	各地新华书店
开　　本	710mm×1000mm　1/16
印　　张	10.5
字　　数	200 千字
版　　次	2020 年 12 月第 1 版
印　　次	2020 年 12 月第 1 次
定　　价	65.00 元
广告经营许可证	京西工商广字第 8179 号

中国经济出版社 网址 www.economyph.com 社址 北京市东城区安定门外大街 58 号 邮编 100011

本版图书如存在印装质量问题，请与本社销售中心联系调换（联系电话：010-57512564）

版权所有　盗版必究（举报电话：010-57512600）
国家版权局反盗版举报中心（举报电话：12390）　　　服务热线：010-57512564

前　言

本书系中国人民大学科学研究基金项目（17XNL009）的最终成果。

随着我国基本医疗保险全民覆盖目标的实现，国民基本医疗保障需求得到有效满足，但由于现行城乡居民医疗保险制度保障水平有限，城乡居民大病风险仍然给居民带来较重的经济负担，所以亟须更高的保障。在此基础上，大病保险制度以避免家庭灾难性医疗支出，缓解因病致贫、因病返贫为目标，为城乡居民构筑起了更加牢固的医疗保障安全网。大病保险制度于2012年开始试点，2015年以国务院出台《关于全面实施城乡居民大病保险的意见》为标志，在全国范围内开始实施。《关于实施健康扶贫工程的指导意见》《医疗保障扶贫三年行动实施方案（2018—2020年）》将完善大病保险制度作为促进健康扶贫的重要举措。历年的《政府工作报告》中也多次提出完善大病保险制度。在党和国家高度重视下，经过不断探索与实践，大病保险制度逐步走向成熟。

本课题组历时2年多，运用文献研究法、访谈法和定量研究法进行研究，同时到云南、贵州和内蒙古等地进行实地调研。在学术界，大病保险制度从建立之时就存在很大的争议，因此，本书对大病保险进行了理论和实践两方面的研究，力争从理论上剖析大病保险的性质，从实践上分析大病保险的效果和问题，在此基础上提出大病保险制度完善的路径。

本书具体包括六部分内容：第一部分为研究背景与研究思路；第二部分为大病保险研究综述；第三部分为大病保险性质辨析；第四部分为大病保险模式划分；第五部分为大病保险运行评估；第六部分为完善大病保险的设想：发展模式与优化路径。从大病保险对居民就医负担的减轻情况、大病保险经办管理、大病保险基金收支以及部分地区的特色实践等方面对调研情况进行整理分析。

通过理论研究和实地调研，本书形成以下基本观点和结论：大病保险制度作为我国医疗保障体系中一项重要的制度安排，在缓解因病致贫、因病返贫方面发挥了关键性的作用。自2012年开始试点以来，该制度在覆盖范围、保障水平、管理体制等方面取得了突破性进展。同时，各地区不断探索创新，形成多样化的制度模式，丰富了制度的内涵。然而，我国现行的大病保险制度也存在一些问题亟待解决，如保障范围与制度目标偏离、基金可持续性面临挑战、商保机构承办效果堪忧等。随着制度发展进入新阶段，我们有必要进一步探索创新发展路径，以相关制度之间的协调合作与无缝衔接为基础，逐步形成发展理念清晰、制度定位准确、覆盖范围全面、筹资渠道多元、主体责任明确的大病保险制度，实现保障的公平、高效与可持续。

摘 要

我国当前已经建立了全民医疗保障体系，医保待遇逐步提高。但是，"看病难""看病贵"的问题并没有得到根本解决，尤其是居民医保的保障水平还比较有限，因病致贫、因病返贫问题是当前制约居民脱贫和健康水平提升的重要因素。国务院及多个部委陆续发布了《关于开展城乡居民大病保险工作的指导意见》《关于全面实施城乡居民大病保险的意见》《关于实施健康扶贫工程的指导意见》《医疗保障扶贫三年行动实施方案（2018—2020年）》等文件，将提高医疗保障水平、完善大病保险制度作为医疗保障发展和健康扶贫的重要措施。大病保险在当前的发展过程中虽取得了一些实质性成效，但同时还存在许多亟待厘清的问题。因此，本书以大病保险创新发展的模式与路径为核心，分别从理论和实践层面对大病保险进行研究。首先，针对当前理论研究和实践中对大病保险性质存疑的问题，辨析大病保险的性质，明确大病保险的定位；其次，从大病的界定与衡量、大病与贫困的关系、大病保险运行主体以及大病保险实践模式等方面对现有文献进行述评，找出现有研究的共识与争议，为进一步探究大病保险的创新发展提供研究支撑；再次，分别从政策层面和运行层面对大病保险在实践中的情况进行梳理分析，总结提炼大病保险现有的政策模式与运行现状；最后，基于前文对大病保险在理论和实践层面的研究，从发展模式与优化路径方面提出完善大病保险的设想。

基于大病保险的政策文件、制度要素的设计以及与商业重疾险的比较，城乡居民大病保险还不能称为一个独立的险种，大病保险还是基本医疗保险的一部分，是基本医保的拓展和延伸。但由于其保障范围的特殊性，大病保险理应在基本医保基础上有所突破，基本医保、大病保险、医疗救助包括商业健康保险在内共同构筑一个覆盖全体国民的重特大疾病保障体系，以防范城乡居民发生灾难性医疗卫生支出和因病致贫返贫，最终以提高城乡居民的健康水平为根本目标。

在实践中，大病保险逐渐形成了不同的模式，各地区的政策制定与实践过程中在保障对象、筹资标准、筹资水平、保障范围等多方面均存在一定差异。首先，城乡居民是大病保险的主要保障对象，部分地区将城乡居民和城镇职工共同纳入大病保险的覆盖群体中。其次，从筹资来看，目前我国大病保险的筹资来源主要分为医保基金划拨型、来源扩充型以及个人出资型三种，其中医保基金划拨是基金筹资的主流形式，来源扩充和个人出资只是在个别地区实施，不具有普遍性。而筹资标准包括固定金额筹资、比例筹资、未明确具体筹资标准等形式。再次，在具体的待遇保障上，费用、病种、费用与病种的结合是确定大病保险待遇范围的主要依据，而在实践操作中，哪些项目可以进入保障范围内则包括了基本医保目录、基本医保目录基础上的再调整、设置不予支付的项目等具体形式。在确定保障的内容后，起付线、封顶线和支付比例构成了大病保险的实际支付水平。其中，起付线与封顶线由当地政府直接制定具体数额或是以上一年度城乡居民人均可支配收入为参考，支付比例包括基本医保报销后的统一支付、分段支付、二次补偿等形式，但起付线、封顶线与支付比例的实际数额在各地差别较大，同时对建档立卡等人群有所倾斜，针对性提高部分特殊群体的保障水平。此外，在统筹层次上，大病保险以市级统筹为主，部分实现省级统筹。最后，大病保险的承办机构由商业保险机构和政府部门的社会医疗保险机构组成，其中大多数地区在大病保险领域都引入了商业保险机构，个别地区由政府部门承办，社商合作的过程中合作模式、合作内容、盈亏分担等方面也存在较大差异。

大病保险的实际运行情况是探究大病保险制度创新发展的实践基础。基于对全国范围内的政策规定与相关运行资料的收集分析、部分地区的实践调研以及特定地区大病保险基金运行情况的分析，从制度保障能力、经办管理、基金的可持续性等方面实证评估大病保险的运行状况，可以发现当前大病保险在实践中取得了一定的成效，同时也存在一些需要进一步解决的问题：①从制度的保障效果来看，大病保险保障了城乡居民的大病费用支出，提高了保障的水平，在一定程度上缓解了居民因病致贫返贫的问题，同时也改善了群众的就医体验，但由于报销目录、起付线、封顶线、支付比例等制度要素的限制，大病保险的保障程度还有待进一步提高，制度的实际效应受到了抑制。②从大病保险的经办管理来看，大病保险引入商业健康保险公司承办创新了医疗保险的管理服务方式，可以发挥商业健康保险公司的技术和人员优势，但由于外在环境限制、经验不足等，商业保险机构的优势不能有效发挥，在实施过程中各种缺陷逐步凸显，在社商合作中各自的定位、大病保险的盈亏分担、参保信息使用等方面还有待进一步厘清。③从大病保险基金运行的可持续性来看，短期内基金可以实现收支平衡，但由于缺乏稳定的筹资机制，随着医疗费用的增长与保障水平的提高，大病保险存在收不抵支的风险，资金问题仍是困扰大病保险制度运行的重要因素。此外，统筹层次低和各地区在经济发展水平、疾病谱与居民健康水平、医疗卫生资源、人口结构等方面的差异，也都成为降低大病保险基金风险分担能力、制约大病保险保障效应的因素。

创新大病保险发展模式路径是大病保险进一步发展亟待解决的关键性问题，在前期研究的基础上，本书认为大病保险创新发展的模式与路径是：实现横向制度整合和纵向制度无缝衔接，即横向城乡居民大病保险制度整合，纵向大病保险与基本医保、补充医保、医疗救助、商业保险等衔接和融合。在发展理念、筹资渠道、管理主体、补偿方式、制度衔接、制度导向等方面优化体制机制，使大病保险更公平、更高效、更可持续。创新大病保险的发展模式与路径具体包括：以消除患者看病的后顾之忧，化解灾难性医疗支出风险，减轻大病患者的疾病负担脆弱性，防止因病致贫和因病返贫，确保人人享有健康的权利，保障人群健康公平为发展理念；以瞄准重点人群，实现保障对象从普惠到精准为制度定位；以扩充筹资参与主体，扩大资金筹集渠道，推动制度的可持续发展为筹资方式；以明确定位、明晰权责关系、多方竞争合作、多方共同参与来健全管理主体；以基金封顶转向个人自付封顶，保障范围从目录内延伸到目录外为补偿手段；以横向制度类型的合作分工、功能互补形成制度间融合联动的整合功效；以整合医疗保障资源、构建一体化的医保体系为医疗保障制度长远发展的创新导向。

目 录

第一章 研究背景与研究思路 …………………………………… 1

 （一）研究背景 ………………………………………………… 3

 （二）研究思路 ………………………………………………… 7

第二章 大病保险研究综述 ……………………………………… 9

 （一）大病的界定与衡量 ……………………………………… 11

 （二）大病与贫困的关系研究 ………………………………… 19

 （三）大病保险运行主体研究 ………………………………… 22

 （四）大病保险实践模式研究 ………………………………… 28

 （五）研究文献述评 …………………………………………… 34

第三章 大病保险性质辨析 ……………………………………… 39

 （一）政策定义 ………………………………………………… 41

 （二）大病保险的制度要素 …………………………………… 44

（三）大病保险与商业重疾险的比较 …………………… 48

　　（四）大病保险的性质界定 ………………………………… 50

第四章　大病保险模式划分 …………………………………… 53

　　（一）筹资来源 ……………………………………………… 55

　　（二）筹资标准 ……………………………………………… 57

　　（三）保障对象 ……………………………………………… 59

　　（四）保障范围 ……………………………………………… 60

　　（五）保障水平 ……………………………………………… 63

　　（六）起付线与封顶线 ……………………………………… 66

　　（七）承办机构与方式 ……………………………………… 69

　　（八）统筹层次 ……………………………………………… 73

第五章　大病保险运行评估 …………………………………… 75

　　（一）全国情况分析 ………………………………………… 77

　　（二）典型地区调研情况 …………………………………… 99

　　（三）大病保险实证评估 …………………………………… 113

第六章　完善大病保险的设想：发展模式与优化路径 ……… 127

　　（一）发展理念：化解灾难性医疗支出风险，

　　　　　保障人群健康公平 ………………………………… 129

　　（二）制度定位：瞄准重点人群，实施精准保障 ………… 130

（三）筹资方式：扩大财源，多渠道供款 …………… 131

（四）管理主体：竞争合作，平等参与 ……………… 132

（五）补偿方式：基金封顶转向自付封顶，

目录内延伸到目录外 ………………………… 134

（六）制度联动：横向制度合作分工，无缝衔接 …… 135

（七）制度创新：构建一体化的基本医保制度 ……… 136

参考文献 ……………………………………………… 138

附　录 ………………………………………………… 148

后　记 ………………………………………………… 149

第一章 研究背景与研究思路

（一）研究背景

1. 全民医保初步定型但保障程度有限

我国自 2007 年城镇居民医保制度建立以来，基本医疗保险在制度框架上覆盖全民，2011 年后参保率一直稳定在 95% 以上，正式建成了全民医保。2016 年全国范围内开始将城镇居民医保和新型农村合作医疗整合为统一的城乡居民医保，城乡居民的覆盖范围进一步扩大，保障程度也进一步提高。《2019 年医疗保障事业发展统计快报》显示，2019 年全国参加包括职工基本医疗保险、城乡居民基本医疗保险以及新型农村合作医疗保险在内的全口径基本医疗保险参保人数为 135436 万人，参保率稳定在 95% 以上，基本实现人员全覆盖。尽管我国医疗保障制度已经在制度上与现实中都实现了"全民医保"，医保待遇逐步提高，但是"看病难""看病贵"的问题并没有得到根本解决，尤其是城乡居民医保的保障水平不高，与城镇职工医保还有较大差距。根据国家医疗保障局发布的《2018 年全国基本医疗保障事业发展统计公报》，城镇职工医保政策范围内住院费用基金支付比例为 81.6%，实际住院费用基金支付比例为 71.8%，三级医疗机构政策范围内住院费用基金支付比例为80.5%，实际住院费用基金支付比例为69.5%；而城乡居民医保政策范围内住院费用基金支付比例为65.6%，实际住院费用基金支付比例为56.1%，三级医院政策范围内支付比例为59.3%，实际住院费用支付比例为49.0%（见表1-1）。可见，同一制度内部，政策范围内支付比例与实际支付比例相差约10%，城乡居民与城镇职工医保的支付比例相差约15%，而三级医院城乡居民与城镇职工医保的支付比例相差约20%，城乡居民医疗保障的保障水平还存在很大的不足，尤其是在医疗消费比较高的三级医院，城乡居民个人自负更需要约50%。总之，城乡居民的医疗保障水平与保障程度有限，需要进一步提升。

表1-1 2018年城镇职工和城乡居民住院费用支付比例 （%）

项目	城镇职工		城乡居民	
	政策范围内支付比例	实际住院费用支付比例	政策范围内支付比例	实际住院费用支付比例
全国平均	81.6	71.8	65.6	56.1
三级	80.5	69.5	59.3	49.0

资料来源：《2018年全国基本医疗保障事业发展统计公报》。

2. 因病致贫、返贫是当前制约居民脱贫和健康水平提升的重要因素

根据国家卫健委的信息，我国建档立卡贫困户中，因病致贫、因病返贫的比例均在42%以上；患病的农村贫困人口中，年龄在

15~59岁占农村贫困人口的40%以上①。较大比例的因病致贫、因病返贫人口，一方面是脱贫攻坚中的重点人群，另一方面如果因经济因素造成疾病尤其是重大疾病得不到及时救治，也是威胁健康的重要风险因素，因病致贫、返贫已经成为当前制约居民脱贫和健康水平提升的主要问题。而要破解这一难题，一方面，需要在短期内临时性地加大对贫困人口的医疗保障补偿力度；另一方面，需要建立化解疾病经济风险、解决因病致贫返贫问题的长效机制。因此，建立和完善城乡居民大病保险制度、提高基本医保的保障能力成为必经之路。

3. 大病保险与健康扶贫政策的要求

为了解决城镇居民医保和新农合保障水平较低、人民群众对大病医疗费用负担重的问题，进一步放大保障效用，2012年8月，国家六部委联合发布了《关于开展城乡居民大病保险工作的指导意见》（以下简称《指导意见》）；2015年7月，国务院办公厅发布了《关于全面实施城乡居民大病保险的意见》（以下简称《意见》），大病保险制度从试点起步阶段进入全面推开阶段。随着精准扶贫工作的开展，2016年6月，15部门联合印发了《关于实施健康扶贫工程的指导意见》，把提高医疗保障水平、切实

---

① 国家卫健委. 解决因病致贫因病返贫问题 打赢健康脱贫攻坚战 [EB/OL]. http://www.health.people.com.cn/n1/2018/0425/c14739-29949739.html.

减轻农村贫困人口医疗费用负担作为健康扶贫的重点任务,具体要求建立基本医疗保险、大病保险、疾病应急救助、医疗救助等制度的衔接机制,发挥协同互补作用,形成保障合力。2018年,国家医疗保障局、财政部和国务院扶贫办发布的《医疗保障扶贫三年行动实施方案(2018—2020年)》又提出加大大病保险倾斜支付力度,重点聚焦深度贫困地区和特殊贫困人口,巩固完善大病保险倾斜支付政策。在国家宏观政策的规定下,完善大病保险制度,推进健康扶贫工程,需要进一步探索创新大病保险的发展模式与路径。

4. 完善大病保险制度的需要

大病保险是目前医保制度中的焦点问题,加快推进大病保险制度建设,创新大病保险模式与路径,是补齐全民医保短板、实现健康扶贫、解决因病致贫和因病返贫问题的重要途径(仇雨临、翟绍果、黄国武,2017)。当前,全国开展了大病保险工作,实施多年来,在缓解因病致贫、返贫方面取得了一些成效,但也面临着许多问题。例如,大病保险的定位、与基本医保的关系如何?大病保险与基本医保如何衔接,具体到起付线、支付比例和封顶线等政策要素如何设置,筹资机制如何确定?商业保险公司承办大病保险作为经办主体的理论逻辑和实践基础,应该发挥怎样的作用以及如何发挥作用……以上问题都对大病保险的发展完善有着重要意义，亟须深入探讨，从而进一步探索创新大病保险的发展模式与路径，为完善大病保险制度、提高医疗保障制度的整体保障能力、缓解因病致贫返贫问题提供路径选择。

（二）研究思路

本书以大病保险创新发展的模式与路径为核心，分别从理论和实践层面对大病保险进行研究。首先，针对当前理论研究和实践中对大病保险性质存疑的问题，辨析大病保险的性质，探究其是基本医保的延伸，即属于基本医保的一部分，还是作为独立的险种与基本医保共同构成多层次医疗保障体系，从而明确大病保险的定位；其次，从大病的界定与衡量、大病与贫困的关系、大病保险运行主体以及大病保险实践模式等方面对现有文献进行评述，找出现有研究的共识与争议，为进一步探究大病保险的创新发展提供研究支撑；再次，分别从政策层面和运行层面对大病保险在实践中的情况进行梳理分析，总结提炼大病保险现有的政策模式与运行现状；最后，基于前文对大病保险在理论和实践层面的研究，从发展模式与优化路径方面提出完善大病保险的设想。

第二章　大病保险研究综述

目前，大病保险的相关研究较为广泛，国外的文献多集中在对灾难性卫生支出的衡量以及大病与贫困的关系研究上，而国内的文献主要是对大病保险制度从设计到实践的研究。在政策颁布初期，学术界对制度的功能定位、制度内容设计等进行了广泛的讨论，然而未能形成统一意见。近两年来，由于各地区大病保险制度已经实施了一段时间，更多的学者倾向于分析各地实践模式，并总结与评价制度实施效果。但对大病保险制度的一些争论焦点仍旧存在，各种观点的碰撞为促进各地模式创新以及推动大病保险制度的发展与完善提供了重要参考。通过整理国内外相关参考文献，我们能够对大病保险制度形成较为清晰的认知，更好地理解大病保险制度本身，从而为促进大病保险制度优化提出有价值的参考意见与建议。

（一）大病的界定与衡量

大病的界定与衡量是影响大病保险制度设计与实施的关键要素。从已有文献来看，由于界定主体不同，主要形成了以费用或者病种为划分依据的两种界定方式。但是就大病保险制度本身而言，大病的概念逐渐趋向于以费用进行界定，因而决定了大病的衡量以灾难性医疗支出为尺度。

1. 大病的界定：病种与费用

合理界定大病是大病保险制度设计的起点与基础。大病的界定不仅影响具体的衡量指标，也决定了大病保险的补偿范围。我国涉及大病的政策最早是2010年由卫生部和民政部联合印发的《关于开展提高农村儿童重大疾病医疗保障水平试点工作的意见》，其中规定试点工作可先从解决0~14周岁（含14周岁）儿童所患急性白血病和先天性心脏病两类重大疾病入手。各地区可以根据基金支付能力增加试点病种。因此，该政策对于大病的界定主要是医学上的病种概念。《指导意见》中提出，"大病保险主要在参保（合）人患大病发生高额医疗费用的情况下，对城镇居民医保、新农合补偿后需个人负担的合规医疗费用给予保障。高额医疗费用，可以个人年度累计负担的合规医疗费用超过当地统计部门公布的上一年度城镇居民年人均可支配收入、农村居民年人均纯收入为判定标准，具体金额由地方政府确定。各地也可以从个人负担较重的疾病病种起步开展大病保险"。此时，我国对于大病的界定参考了世界卫生组织关于"灾难性医疗支出"的定义，根据经济标准划分，允许地区按照病种开展大病保险。2012年11月，卫生部印发《关于加快推进农村居民重大疾病医疗保障工作的意见》，明确要重点做好20种重大疾病的医疗保障工作，这里采用的是病种的概念。由于当时城乡居民医保和新农合保障对象不同，制度分属于不同的部门，因此，在关于大病的概念界定方面产生了一定差异，从而导致保障范围的不同，但是二者并不存在冲突。2015年，《意见》仍采用的是经济支出的定义，其中指出"根据城乡居民收入变化情况，建立动态调整机制，研究细化大病的科学界定标准"。此外，2007年中国保险行业协会和中国医师协会制定了适合我国保险市场的《重大疾病保险的疾病定义使用规范》，其中大病主要被界定为恶性肿瘤、急性心肌梗死等六种重大疾病，对规范疾病范围以内的其他疾病种类，保险公司可以选择使用。因此，不同的主体对于大病的界定存在差异，目前尚未达成共识。

不同的学者对于大病概念的分歧主要在于大病的界定标准应为经济支出还是医学领域的病种，其实二者各自有一定的优势和劣势。董曙辉（2013）认为，一方面，病种的多样性和疾病谱不断发生变化，使大病保险病种的确定难以穷尽，以医疗自然属性难以确定保障范围；另一方面，以医疗的经济属性界定大病，容易引发过度医疗。但相对而言，以费用为标准能够更好地解决因病致贫、因病返贫的问题。陈文辉（2013）认为，按费用界定受惠面大，补偿范围易确定。但是在资金有限、受惠面大的同时也会造成平均保障水平低，且容易引发过度医疗。按病种界定更有针对性，可以避免资源浪费，但是病种有限，难以全面覆盖有需求的人。向国春等（2014）认为，按费用界定可操作性强、公平性较好，但是成本与效果比较低，大部分资金可能会被用于难以治愈或疾病末期的治疗。如果按病种界定则规避了这种问题，可以优先照顾弱势群体。因此，在资金有限的情况下，应该按照病种优先考虑有较好成本—效果的疾病，有条件的地区可以按照费用进行报销。宋占军（2013）认为，大病的判定应逐步由特定病种向高额医疗费用过渡，或者直接以高额费用为判定基础。宋宝香、孙文婷（2016）在分析了在我国实践中对于大病概念界定不一的基础上，从社会保障角度出发，将大病定义为：根据医学判断为严重的疾病或者医疗费用支出超过当地居民年可支配收入一定比例的疾病。这两个条件只要满足任意一个，即可被视为大病。因而从总体上来看，大部分学者意识到病种和费用作为划分标准的优点与局限性，没有哪一种界定是完美无缺的，各地区可以根据实际情况做出选择，在经济条件允许的情况下，可以考虑按经济支出界定大病。但是从学术界的讨论来看，倾向于按费用界定的学者较多。仇雨临（2013）认为，无论是按照"病种"界定，还是按照"费用"界定，最终的结果都是费用的分担或保障，即"大病保险"是针对患病发生高额医疗费用超出了城乡居民经济负担能力而进行的保障。王保真（2014）研究指出，从医学、医保制度及大众视角理解的"大病"含义完全不同，城乡居民大病保险应属于"高额费用"补充医保。娄宇（2015）也认为大病保险制度中所指的重特大疾病并非临床上的某种病，而是一个经济概念。在制度设计层面，考虑到大病保险制度缓解因病返贫、因病致贫的目标，可以发现以经济标准进行界定的操作性更强,避免了因病种覆盖面不全所造成的遗漏问题。在制度实践层面,绝大多数地区均按经济标准进行划分。可见,大病保险制度中的大病已不再是医学上的病种概念,而是逐步趋向于按费用界定,这也会成为现在以及未来的主要界定标准。

2. 大病的衡量:灾难性医疗支出与合规费用

大病的衡量与大病概念的界定密不可分,鉴于大病保险中将大病的概念与经济支出挂钩,因此,建立合理的、可测量的大病与家庭承受能力的关系成为提高大病保险精准保障的关键。在高额费用的界定方面,一些学者通过实证研究测算出个人医疗费用占家庭年收入的比例的不同临界值,分别有 10% (Feldstein, 1979)、15% (Kasper, Anderson, Brown, 1986;美国国会预算办公室,1988)、20% (Bill, 1980)。最终世界卫生组织将临界值定为医疗累计支出在家庭非食品支出的比重为 40%,并称之为"灾难性医疗支出",而当医疗支出达到或超过家庭非食品支出的 50%时,可能陷入贫困。也有学者指出,对于恩格尔系数较高的地方(如印度古吉拉特邦恩格尔系数高达 60%)来说,住院支出超过家庭年收入的 10%就会导致灾难性医疗支出 (Michael Kent Ranson, 2012)。如果按照 40%的标准,全球每年大约有 4400 万家庭或者超过 1.5 亿人面临灾难性医疗卫生支出,占总人口比例为 2.5% (Xu Ke, Evans, Kawabata, 2003)。据统计,2008 年我国有13%的人口遭受灾难性医疗支出（李叶，2012），高于泰国（0.71%）、印度尼西亚（1.95%），甚至印度（3.44%）。我国大病保险制度参考了世界卫生组织关于家庭灾难性医疗支出的定义。《指导意见》指出，制度以力争避免城乡居民发生家庭灾难性医疗支出为目标，针对高额医疗费用，可以个人年度累计负担的合规医疗费用超过当地统计部门公布的上一年度城镇居民年人均可支配收入、农村居民年人均纯收入为判定标准，具体金额由地方政府确定。如果将高额医疗费用视同灾难性医疗支出，就会发现二者之间存在一定差异。朱铭来、宋占军（2013）根据《指导意见》计算得出的全国城镇家庭灾难性医疗支出标准是世界卫生组织标准的1.97倍，农村方面是1.44倍，若具体到天津市，两个标准差距高达2.1倍。仇雨临、黄国武（2013）认为，这种差异可能是由我国较高的恩格尔系数导致的（2011年我国城镇居民家庭恩格尔系数为36.3%，农村居民家庭恩格尔系数为40.4%）。如果考虑到我国人均收入水平和中位数之间的差异（2012年农村居民人均纯收入为7917元，中位数为7019元；城镇居民人均可支配收入为24565元，中位数为21986元），那么对中低收入者来说，在达到大病保险支付标准之前，就已经遭遇了家庭灾难性支出，并陷入了贫困。宋占军（2013）认为，我国灾难性卫生支出标准与世界卫生组织存在差异主要表现在两个方面：一方面，与世界卫生组织以家庭为测算单位不同，我国的标准是将个人作为测算单位，这就意味着当个人医疗支出额低，但是家庭成员医疗支出总额较高时虽然符合世界卫生组织的标准，但在我国无法获得大病保险的保障。另一方面，世界卫生组织以每个家庭的可支配收入为测算基础，我国以社会平均收入为测算基础。在这种情况下，中低收入家庭按照社会平均水平执行显然是不合理的，未来需要逐步改为按照家庭可支配收入测算。实践中我国各地大病保险根据灾难性医疗支出设定的起付标准也存在较大的差异。有根据城乡居民人均年收入确定的地方（如陕西、广东、湖南、浙江等），也有根据地方的承受能力和经济水平确定具体数额的（如云南楚雄市共3000元，甘肃、青海、吉林共5000元，宁夏共6000元，辽宁共10000元，等等）。宋占军（2014）指出在高额医疗费用的界定方面，根据各省市的大病保险实施方案，各地区多以上一年度城镇居民年人均可支配收入、农村居民年人均纯收入为判定标准，一个突出的问题是，青海、甘肃、宁夏、湖北等部分地区起付线标准呈现远高于上一年度农村居民人均纯收入，但与城镇居民人均可支配收入又存在巨大差距的现象，这种制度设计会严重削弱大病保险的保障效果。

衡量大病的参照为灾难性医疗支出，同时在大病保险报销过程中还会将合规费用作为限定条件。合规费用即实际发生的、合理的医疗费用。孙志刚（2012）、徐善长（2013）指出，城乡居民患大病时，在治疗手段和用药种类上突破政策规定的范围是较为普遍的现象。郑秉文、张兴文（2013）对江苏省太仓市实际数据进行分析发现，在医疗费用越高的情况下，政策范围外费用的占比随之增加，由此导致基本医疗保险实际报销比例降低。李天平、吴斌、许尉（2013）根据四川省卫生统计数据对城乡居民2011年医疗保险报销情况进行分析也证实了这一点。四川省患者"医保"与"新农合"实际报销比例约为52%，当费用超过5万元时，实际报销比例为42.4%~45.58%，呈现医疗费用越高，报销比例反而下降的趋势。高小莉（2013）认为合规费用应坚持基本医疗费用三个目录范围，可适当增加一些治疗"大病"必需且符合临床路径规范的药品和诊疗项目。湖北省规定合规费用不受病种限制，但是需要满足符合治疗需求、符合诊疗规范等要求，特殊情况可以突破三大目录，但是在长期动态发展过程中，合规医疗费用需要进一步明确（李东华、吴荣海等，2016）。王婉（2014）将大病保险归为基本医疗保险，因而合规医疗费用可限定为基本医保政策范围内的医疗费用。朱铭来（2014）指出大病保险保障范围限定在当前基本医保政策范围内报销目录，会在一定程度上限制实际保障效果，然而完全突破政策范围内报销目录，则会面临医疗费用快速增长的风险。因此，我们可以通过采取剔除法或列举法，将非必需、效果不确定的诊疗项目或药品等予以明确剔除，实现报销目录的逐步拓展。大病保险合规费用的界定是大病衡量的限制条件，也直接影响了大病保险的实际报销比例。因而对合规费用的清晰界定也是大病保险制度设计中较为重要的一个环节，在目前尚未统一与明朗的情况下，有待进一步研究。

（二）大病与贫困的关系研究

大病与贫困有着密切联系，二者相互影响，大病致贫的现象尤为突出。个人与家庭的能力极为有限，在没有制度保障的情况下将陷入大病与贫困的恶性循环。已有的文献研究发现，基本医疗保险、医疗救助等保障制度对于大病的保障作用并不明显，因而大病保险制度作为一项针对性较强的制度，对精准扶贫的实施也具有重要意义。

1. 大病与贫困：恶性循环

大病与贫困往往具有双向影响的关系。一方面，大病是造成贫困的主要因素之一。根据国务院扶贫办建档立卡数据，截至2013年，因病致贫、因病返贫的贫困户占建档立卡贫困户总数的42.4%。在各种致贫的因素中，疾病在各地区的占比是最高的。健康系统能够提供医疗服务、预防和治愈疾病，然而，获得和使用这些医疗服务可能导致中低收入者因支付的费用占家庭收入较大的比重而陷入贫困（KeXu, David B Evans, 2003）。世界卫生组织调查的数据显示，最贫困的20%和40%人口享有针对因病致贫支出的财务保障较少（WHO, WB, 2014）。墨西哥的许多家庭因为医疗服务和药品的支出而陷入贫困，这是世界上许多具有相同经济发展水平国家的一个缩影（Julio Frenk，2006；Caryn Bredenk-amp，Mariapia Mendola，2011）。李叶、吴群红、高立军（2012）根据第四次国家卫生服务调查，采用世界卫生组织推荐的方法计算灾难性卫生支出，从38945户农村家庭样本推算出农村人口的灾难性卫生支出发生率为14.4%，致贫率为9.2%，且两种比率与地区经济水平呈负相关，西部作为最贫困的地区，灾难性卫生支出发生率及致贫率最高，分别为15.8%和10.8%；有住院病人的农村家庭发生灾难性卫生支出和致贫的风险最大。韩颖、郑建中、覃凯等（2003）研究山西省项目地区农民因病致贫率为3.44%，因病致贫人群收入低，健康状况差，慢性病患者比率高。2004年，24.3%的农村家庭因患重大疾病而负债，23.3%的农村家庭因支付高额的医疗费用造成贫困（徐玮，2015）。另一方面，贫穷也会导致疾病甚至是重大疾病。在一个国家内，财富的拥有量与健康水平具有高度的相关性，穷人的健康水平往往会低于富裕人群，贫穷导致不健康，不健康使穷人工作效率和生产能力下降，陷入更贫穷的状况，从而形成恶性循环。有证据证明，在穷人和富人之间的健康不公平与贫困的结果和收入的不公平紧密联系（Adam Wagstaff，2002）。因此，疾病和贫困问题如果处理不当极易陷入恶性循环，影响社会公平。

2. 大病保障与贫困：缓解与抑制

合理的制度保障能够有效缓解因病致贫问题。不少学者研究了不同的医疗保障制度对灾难性卫生支出的影响。贺晓娟、陈在余、马爱霞（2012）利用 CHNS 数据，比较 2004 年、2006 年及 2009 年新型农村合作医疗补偿前后的因病致贫率，认为新农合对缓解因病致贫起到了一定作用，但并没有达到理论上预期的效果。常文虎、赵劲红、邹声金等（2005）研究发现，1998—2003年，北京怀柔区新农合能将灾难性卫生支出发生率降低到 20%~30%。汪潇、薛秦香、高建民、周忠良（2010）通过对互助医疗项目试点县（陕西省镇安县）家庭灾难性卫生支出发生率在项目运行前后两年（2002 年和 2006 年）的变化情况进行分析发现，农村互助医疗项目的确有助于降低试点地区家庭灾难性卫生支出发生率；随着灾难性卫生支出界定标准的提升，其在该方面的效果逐渐减弱。王丽丹、江启成、王安珏等（2012）研究发现，安徽省的农村家庭所承担的现金卫生支出负担相对较重，同时灾难性卫生支出有从贫困家庭扩大到相对富裕家庭的趋势。新农合对于降低灾难性卫生支出的发生起到一定作用，但十分有限。闫菊娥、闫永亮、郝妮娜（2012）等通过比较城镇职工医疗保险制度、城镇居民医疗保险制度、新型农村合作医疗保险对灾难性卫生支出的改善效果，发现三种医疗保险制度均能够在一定程度上降低家庭灾难性卫生支出发生率，但是效果存在差异，依次递减。因此，虽然其他保障制度在一定程度上防止了贫困的发生，缓解了因病致贫、因病返贫现象，但鉴于作用有限，优化大病保险制度，实现精准健康扶贫，通过制度不断完善切实减轻大病患者的经济负担，成为当务之急。

（三）大病保险运行主体研究

国外的医疗保障制度运行主体存在多元化的现象，政府、市场、社会均可以利用其优势发挥作用。从这个意义上讲，我国的大病保险制度同样也可以形成多元的运行主体。目前国内的争论焦点在于是由社会保险机构承办还是商业保险机构承办，不同的学者意见存在分歧，而在实践过程中各地区也根据实际情况选择了不同的运行主体。

1. 国外医疗保障制度运行主体：政府、市场与社会

大病保险作为医疗保障体系的组成部分，其运行主体可以是政府、市场、社会。不同的现实情况如文化、经济、社会、政治等能够影响大病保险运行主体的选择。从国际的实践来看，并不存在唯一的主体来运行整个医疗卫生体系，如英国虽然以国家主

导的国民医疗卫生体系为主，但是仍然存在商业运行的健康保险；美国以市场主导的商业健康保险为主，但是也存在国家干预为主的医疗保险和医疗救助；德国建立了典型的社会医疗保险主体制度，同时也存在12%的私人医疗保险。为了规范医疗保险公司间的竞争，避免出现由于自愿选择带来的"逆向选择"和不公平竞争等现象，德国建立风险结构补偿系统，所有医疗保险公司的保费收入集中在一个"保费池"中，由一个联邦机构管理。根据每个投保人的年龄、性别和疾病风险等加权因素，每个医疗保险公司可以从该"健康基金"中获得一笔等于该风险群体平均治疗费的费用，并且私人医疗保险公司需要依法在公司内部单列与政府合作的非营利业务。新加坡的医疗保险体系除了以个人责任为中心的医疗储蓄账户制度外，也存在以社会互助共济的终身健保（2016年健保双全被终身健保取代），同时还有政府主导和运行的医疗救助。赵斌（2013）通过对欧洲各国私营保险的分析得出欧洲国家私营医疗保险产品呈现如下规律：替代型产品较少，仅在允许符合一定条件的参保者进行选择的少数国家及小部分未实现全民医保的国家才有；渠道补充型应用最为普遍，各国大都提供该类型产品；待遇补充型则主要由实行国家卫生服务模式（NHS）的国家或是发达的社会医疗保险国家提供。朱铭来（2013）从发达国家医疗保障体系建设和经验教训分析，认为全体社会大众的大病医疗费用不可能完全由政府负责，政府的职责还是保基本、保弱势，而对于高收入阶层的特殊医疗保障需求则可以更多地转嫁给商业保险,依靠市场力量解决。Sherman Folland、Allen C. Goodman(2011)认为从总体上看,渴望消除不可治愈却尚未治愈的疾病或者伤害对其本人造成的经济损失是人类共同的需求,如果我们的捐助能充分用于帮助穷人获得卫生保健,我们中的大多数都愿意拿出我们的部分收入去帮助受到疾病折磨的人,所以社会组织提供健康相关服务具有重要意义。因此,在目前尚无证据说明哪个运行主体更有优势的情况下,各地根据实际情况实现大病保险的运行主体多元化有利于制度保障效果的提升。

2. 我国大病保险运行主体:政府与市场

2012年《指导意见》指出承办方式采取向商业保险机构购买大病保险的方式,以保险合同形式承办大病保险,承担经营风险,自负盈亏。但是关于商业保险机构作为承办主体是否有利尚未形成统一意见。理论界主要存在两种声音:一种声音认为,商业保险由于其逐利的动机与基本医保的目标相冲突,不应该由商业保险机构承办大病保险。我国商业保险公司曾经参与承办社会保险,但是成功案例并不多,社会保险机构具备承办大病保险的能力,与社会保险机构相比,商业保险机构经营基本医疗保险这种准公共产品没有明显优势(乌日图,2013)。娄宇(2015)从法律定位的角度对大病保险制度进行了分析,他认为虽然大病保险作为准公共物品，其供给与生产可以分离，但是从承办费用来源来看，基本医疗保险承办费用保障的法律规定使商业保险公司承办面临着合法性的障碍。胡大洋（2012）指出，医保承办机构作为基本医疗保险政策的执行机构，承办大病医疗保险有着制度上的必要性和天然的优越性。石孝军（2013）则认为，在社保承办管理服务网络平台的基础上加载城乡居民大病保险，在解决基本医保报销的同时，同步解决大病保障问题，是一种节约成本的有效方式。另一种声音则认为，城乡居民大病保险应该政府主导与市场机制相结合，并由保险机构承担经营风险的方式是对我国基本医保运行机制的一次重大创新（朱铭来、宋占军，2014；王琬，2014；孙东雅，2014）。郑伟（2015）对商业保险机构承办也持肯定态度，他认为商业保险机构的逐利动机不能成为被排斥的理由，政府的承办同样也需要成本，且未必一定更成功。宋宝香（2016）通过比较分析商业保险机构参与医疗保障体系的模式指出，商业保险机构参与医疗保障体系本质，即政府公共服务外包，该方式能够有效促进政府转变职能、实现管办分离、提高效率。徐善长（2013）指出，商业保险机构承办大病保险在管理和承担风险方面具备优势，能够加强对医疗机构和医疗费用的制约。同时利用商业保险机构在全国范围内统筹核算的特点，能够提升大病保险制度的统筹层次，使商业机构专业化的管理优势和市场化运行机制功能得到进一步发挥。与之类似，郑伟（2013）认为，让商业医疗保险机构参与进来，是医保改革的一剂良方，可以利用商业保险机构帮助政府分担风险、规范医疗行为等。如果制度设计得当，可以实现参保人、政府、医疗机构和保险公司的四方共赢。此外，商业保险机构在风险测算、保险精算、理赔网点和管理人员的操作经验上都普遍优于大多数政府医保承办机构（卞呈祥、俞彤，2013；杨睿，2013）。从总体来看，社保承办机构行政控制能力强一些，而商业保险精算能力和核查水平较高，因此都具有各自的优势（杨燕绥，2013）。不能基于"理性的自负"，简单地预设社保机构和商保机构孰优孰劣（朱俊生，2013）。由此也就决定了我国在大病保险实践中社会保险机构和商业保险机构两种不同承办主体共存的现象。

在实践层面，大部分地区选择了由商业保险机构承办大病保险，但是一段时间之后，这些地区的商业保险机构亏损严重。因而，周绿林（2014）认为，大病医疗保险作为避免参保人群"因病致贫、因病返贫"的重要手段，是基本医疗保险的应有之义，不应该甩给商业保险公司。于保荣（2016）认为，目前引入商业保险承办的实践与政策初衷存在一定冲突，一个地区引进一个商业保险公司承办大病保险可能会造成商业保险公司的垄断，由于没有建立竞争机制，与社会保险机构承办相比，是否发挥了提升效率的作用是难以确定的。商保公司承办大病保险效率低、竞争不充分并将亏损归结为筹资标准低等问题在各地普遍存在。这主要是因为我国的商业健康保险起步晚，承办医疗保险普遍缺乏经验，更谈不上专业优势（张博、咸胜玉等，2015）。王保真（2014）认为，目前商保参与承办适宜在经济发达地区实施，大范围铺开的时机依然不成熟。仇雨临、黄国武（2014）指出，为保证大病保险甚至整个医疗保障体系的平稳运行，在一些条件不成熟的地区，可以允许在一定过渡期内仍然由社保承办机构运作，在经济、社会、制度条件成熟后再交由商业保险公司承办。大病保险由商业保险机构承办的具体形式多种多样，无论哪一种形式，都有一些体制性或政策性障碍，在保险承办机构选择过程、委托关系、管理体制方面都存在一定缺陷亟待完善（何文炯，2014）。向国春、顾雪非等（2014）认为，目前商业保险机构承办效果不理想的原因是多方面的，我国尚未建立明确的商业保险承办社会医疗保险的准入、评价和监管制度，在一定程度上影响了实际承办效果。仙蜜花（2014）将商业保险机构参与城乡居民大病保险作为商业保险和社会保险相互融合的现实例证。虽然商业保险机构承办具备一定的优势，但是仍存在需要完善的方面。总之，医疗卫生体系的运行主体可以是多元化的，在我国社会组织力量薄弱的情况下，政府和市场的选择成为大病保险承办主体的争论焦点。然而孰优孰劣没有统一答案，在目标明确的前提下，各地可以根据实际情况在不断探索与完善的过程中逐步实现对大病保险制度的优化。

（四）大病保险实践模式研究

大病的发生会给家庭带来严重的灾难，因而各地区在大病保险制度出台之前已经探索了对大病的保障制度，并取得了一定效果，但影响只是小范围的。同时，这些保障制度也存在诸多需要完善的问题。在大病保险制度出台之后，由于理论界对于大病保险制度设计尚未形成一致意见，所以各地区在实践过程中根据实际情况也选择了不同的模式，在制度内容设计、资金筹集、统筹层次、承办主体等方面均存在一定差异。

1. 大病保障的实践：导向与基础

由于重特大疾病会给家庭带来极为沉重的负担，各地区相继探索了保障大病的不同模式。袁悦、胡兴琦（2013）通过对湖北长阳县的实地调研、文件资料整理、访谈、医疗救助数据分析，介绍了长阳县重特大疾病的多层次医疗救助体系，其中显著的特点是整合多种社会资源，形成"大病关爱壹佰基金"。这种具有社会慈善性质的救助结合基本医疗保险和医疗救助，有效地利用了资源，是实现公平的重特大疾病救助的实施路径。李志培、肖敏（2013）分析工会组织成立的职工医疗互助，通过具体的案例分析认为这种群众性的职工互助活动,成为职工抵御重特大疾病风险的又一道有效防线。乔东平(2009)分析重庆市渝北区农村住院医疗救助数据,发现随着次均医疗费用的上升,医疗救助和新农合合计补偿比例逐步降低,反映出对于重特大疾病的补偿力度仍较小,认为在新农合和医疗救助保障力度均不大的情况下,加强两项制度的衔接配合,充分发挥制度的合力,有助于提高农村医疗保障资金的经济效益和社会效益。钟起茂(2013)分析了江西省民政厅成立革命老区爱心基金会,联合卫生、人保、财政等部门,组成重特大疾病救治协调办公室,通过基本医疗保险、城乡医疗救助、爱心基金会分别按照4∶3∶3的比例承担定额治疗费用,对城乡困难群体的5项单病种实行免费手术治疗,取得了一定的成效。金维刚(2013)认为,对于超过封顶线以上的医疗费用,可以通过建立补充医疗保险、提供医疗救助等多种形式提供必要的保障,其中封顶线是具有弹性的,可以根据基本医疗保险基金收支状况和对保障的需求进行适当调整。假如取消封顶线,则基本医疗保险就可以对各类大病医疗费用提供比较充分的保障,因此,基本医疗保险对大病医疗费用的保障能力是可以不断提高的。综上,无论是何种保障形式,能够确定的一点是城乡居民对于大病保障的需求是客观存在的,不同地区对于大病的关注在医疗保障制度领域起到了导向作用,同时,大病保障的实践也为大病保险制度的产生奠定了基础。

2. 大病保险的实践：探索与创新

在大病保险实践模式方面，各地在坚持《指导意见》的基本原则和要求的基础上，根据实际情况探索大病保险的运行模式，宋占军（2013）通过追踪我国23个省份城乡居民大病保险实施方案，发现我国各地大病保险试点呈现以费用为"大病"依据、实行市级统筹和无"封顶线"等特点。各地区为达到保障目的采取不同的实践且形成了较为鲜明的特征，杭州通过较高的基本医疗保险补偿水平在第一层面就降低大病患者的经济负担，并且通过重大疾病医疗补助取消了基金报销的封顶线；厦门通过补充医疗保险对基本医疗保险封顶线以上的部分进行较高水平的补偿，而这部分人群主要是高额医疗费用患者（仇雨临，2017）。但是具体来看，各地区在起付线、报销范围、报销比例、封顶线设置、筹资、承办等内容设计方面仍存在一定的差异。

首先，大病保险的起付线、报销比例、报销范围、封顶线对保障效果起到了较为关键的作用。多数地区的起付线是上一年度人均可支配收入，即根据世界卫生组织对于灾难性医疗卫生支出的标准换算得出。但是在城乡人均收入水平存在较大差异的地区，如青海、甘肃、宁夏等，由于大病保险针对城乡居民设置统一的标准，该标准对于农村居民而言是过高的，因而会出现农村居民无法获得应有的保障，极大地削弱了制度的保障效果（宋占军，2014）。在报销范围即合规费用确定环节，大致分为两种类型，一种是参照基本医疗保险政策范围，如辽宁、广东、重庆、北京、天津等地区，另一种是以医疗保险为基础，通过排除或者准入，扩大报销范围，如山东、青海、山西、吉林、甘肃、宁夏等地区。在实践中大病保险制度支付比例形成了三种模式，即累进、固定比例和二次报销（徐翠薇、左停，2018）。江苏太仓通过大病再保险对个人自付费用进行报销，将个人医疗费用控制在承受范围内。广东东莞通过补充医疗保险提高基本医疗保险每一个费用段的报销比例，使个人自付费用大大降低。山西引入了大病保险"二次补偿"的原则，当城乡居民住院医疗费经大病保险报销后，个人负担的合规医疗费用超过5万元以上部分，由大病保险再按50%的比例给予支付。福建三明在做好基本医保、大病保险的基础上，进一步提高特定病种的保障水平。在大病保险报销比例各分段补偿标准上再提高5个百分点给予报销补偿，更有效地避免了城乡居民发生家庭灾难性医疗支出（宋占军，2013）。在封顶线设置方面，部分地区有封顶线，部分地区取消了封顶线，如太仓、杭州等。朱铭来、宋占军、王歆（2013）利用天津市的城乡居民住院数据通过实证分析发现封顶线的有无对于基金支付压力影响甚微，但是不设封顶线的模式能够更大程度化解居民高额医疗费用支出风险，因而不设封顶线是值得推广的。

其次，基金的筹集与统筹层次共同决定了大病保险基金的支付能力，对于制度的可持续产生重要作用，同时也影响了其缓解因病致贫、因病返贫的程度与效果。在资金来源方面，虽然仍存在是从医保资金划拨还是独立筹资的争议，但是《指导意见》已规定城镇居民医保和新农合基金有结余的地区利用结余筹集大病保险资金；结余不足或者没有结余的地区在年度提高筹资时统筹解决资金来源。因而，各地区在实践中基本达成了一致，个别地区在此基础上进行了创新。如山西等地创建了企业捐赠、慈善救助、个人捐赠资金进入大病基金的渠道和制度，发挥各种大病保障途径的协同互补作用（王黔京，2018）。筹资标准主要形成了固定金额、按比例、混合的模式，其他地区没有进行明确规定。如山东按每人15元，青海按每人50元，湖北按每人25元，山西按照不低于城镇居民医保和新农合筹资标准的5%、不高于10%进行统筹，内蒙古按照不低于上年度城镇居民医保和新农合基金人均筹资标准的5%筹集大病保险基金，福建原则上按当地城乡居民当年医保筹资标准的5%予以安排（宋占军，2013）。混合模式即城镇和农村分别采用不同的筹资标准，如江苏筹资标准城镇居民按照年可支配收入的1.5%~2.5%缴纳，农村不低于15元。河北、陕西、天津、重庆等4个省份未公布具体标准（唐兴霖，2017）。大病保险的统筹层次可分为省级统筹、市级统筹和县级统筹三种，目前大病保险的统筹层次以市级统筹为主。以农村居民大病保险为例，2015年大病保险在农村共有445个统筹地区，其中，6个省级统筹、149个市级统筹、290个县级统筹（程斌，2018）。由此可见，大病保险制度统筹层次有待进一步提升，从而为城乡居民提供更好的保障。

最后，承办模式的选择对于大病保险制度的良好运行与未来发展具有重要意义。我国大病保险在实践中的承办主体划分为社会保险机构和商业保险机构两种，于保荣（2018）将商业保险公司和政府社保承办机构业务联系的密切程度作为划分标准，归纳了四种不同的模式：其一，社保与商业保险公司紧密合作型。以河南省为代表，在这种模式下社保部门对商业保险公司承办业务的态度较为开放，希望借助商业保险公司的力量管理相关业务。其二，社保与商业保险公司松散合作型。山东青岛、北京平谷区、四川成都都采取了这种模式。其三，商业保险公司独立承办。以广东省深圳市为代表。其四，政府社保机构独立承办。北京城镇居民大病保险采用二次报销形式，由人社局（医保局）直接管理。四种模式是不同地区根据实际情况而选择的，笔者通过比较分析对大病保险运行主体是否一定要引入商业保险机构产生了质疑，提出可以在各地试点地区试行一段时间后，视其效果而定。也有学者对商业保险机构承办模式进行了划分，主要分为保险合同型和委托管理型两种。保险合同型是利用基本医保基金购买大病商业保险并共担风险的一种形式，如江苏太仓。委托管理型以江阴模式和新乡模式为代表，商业保险机构在承办业务中全部采用委托管理方式，与政府签订"委托管理协议"，明确双方责任。保险公司在收取服务费用后提供专业服务，但是不承担任何风险（宋宝香，2016）。王黔京（2017）通过对贵州省首批试点三个市

（州）的实地调研发现，三个地区都采用了"政府主导、管办分离"的模式，通过政府购买服务的方式，以合同委托商业保险机构承办。在业务管理的费用上，贵阳市为3.5%、毕节市为5%、黔西南州为3%，但是三地商业保险机构的大病保险承办业务目前都处于收支均衡的状态。刘洋（2016）通过对陕西大病保险运行现状分析发现，目前保险公司承办大病保险存在不少问题，包括由商业保险机构"承办"逐渐演化为"经办"，其只是扮演了政府出纳角色，未能发挥专业优势，难以实现收支平衡，无法发挥监管作用，服务能力、水平有待提升等。曾乔林、高小莉等（2016）以四川遂宁为例分析了在商业保险公司经办大病保险过程中出现专业人员不足、专业能力差强人意的问题。因而，从总体来看，各地区的大病保险的承办模式存在较大差异，即使是同样选择商业医疗保险机构承办大病保险，具体内容与结果也会产生较为明显的不同。不同的承办模式效果有待进一步观察。

（五）研究文献述评

国内外有关大病保险的研究数量众多，内容广泛，为更好地理解制度本身提供了参考素材。从目前我国大病保险制度设计与实践来看，仍然存在较多的争论焦点，未能达成一致，这也为大病保险制度的发展提供了更多的可能。在大病的界定方面，学界和实际部门有按照特定病种规定大病范围的，也有根据医疗费用来界定大病的。但是大的趋势已经形成，按费用界定成为各地区的必然选择，尽管该方式存在一定的缺陷，如造成资源浪费、费用不可控等，然而与按病种界定的局限性相比，这些缺陷通过其他途径改善具有较强的可操作性，同时考虑到大病保险制度的政策初衷为缓解因病致贫、因病返贫，按费用区分无疑是较为理性的选择。大病的衡量与大病概念的界定是一脉相承的，在按费用界定大病的基础上将灾难性卫生支出作为衡量大病的关键指标。根据世界卫生组织关于灾难性卫生支出的界定，我国以个人年度累计负担的合规医疗费用超过当地统计部门公布的上一年度城镇居民年人均可支配收入、农村居民年人均纯收入为判定标准，各地可根据实际情况进行调整。然而这种衡量标准的设定也存在一定的问题，如可能造成穷人补偿富人的现象，真正有需求者却难以得到满足等，这些问题也为之后继续完善与改进制度提供了方向。值得注意的是，灾难性卫生支出的发生是衡量大病的尺度，在大病保险制度范围内，合规费用是对灾难性卫生支出的进一步限定，只有满足高额费用和合规费用两个条件之后才能达到报销的起点。因而高额费用和合规费用明确界定是极为关键的，对于保障效果产生了重要影响。

在大病与贫困的关系方面，二者相互作用，在没有制度保障的情况下会形成无限的恶性循环，最终的后果可能会影响社会的安定与和谐，从这个角度讲，大病保险制度作为社会保障的组成部分，对于社会的发展具有重要意义。从现实情况来看，一方面，因病致贫现象是突出的，2013年的数据显示，农村贫困户因病致贫率超出了40%，造成贫困的原因中疾病排在首位。另一方面，因贫致病这种现象也是客观存在的。大病与贫困的双向关系为大病保险制度保障对象的锁定提供了理论支持。此外，各地区大病保障的实践引导了医疗保障制度对弱势群体关注的发展方向，也为制定大病保险制度奠定了基础。

关于大病保险的运行主体，从国外的实践来看可以是政府、市场和社会，多元化的主体可以形成更有效的保障系统。目前，我国大病保险运行主体争论焦点在于应该由社会保险机构还是商业保险机构承办。两种不同机构都具备一定的优势和缺陷，无法比较孰优孰劣。其实，运行主体争论产生的原因之一在于大病保险定位的不明晰，部分学者认为大病保险属于基本医疗保险的延伸与拓展，即基本医疗保险的一部分。从这个角度讲，大病保险与基本医疗保险一样属于准公共产品，对于准公共产品的承办主体可以是政府，也可以是市场，因此各地区通过比较政府和市场的优势，根据当地实际情况选择承办主体，而无须形成一致的运行主体。另外，也有部分学者认为大病保险应该是补充医疗保险，此时，承办主体为商业保险机构则更为合适。从现实情况来看，大部分地区交由商业保险机构承办，少数地区由社会保险机构经办。即使是同样由商业保险机构承办，具体方式仍然存在差异，从而导致效果不同。在这些地区中，一部分取得了较好的效果，大部分则出现了很多问题，表现为商业保险机构优势未得到发挥、经办服务能力较低、亏损严重等。同时，社保机构承办的地区也有取得较好效果的。因此，到底是由社保承办还是由商保承办，各地区可以在实施一段时间后，根据实际情况与效果做出理性选择。

大病保险的实践模式尚未统一，在大病保险制度未实施之前已有一些地区探索对重特大疾病各种形式的保障，足见大病已成为影响居民基本生活的重要因素。大病保险制度正是在城乡居民具有迫切需求的背景下建立的。各地区在坚持《指导意见》原则下，根据实际情况制定相应制度，在运行过程中逐渐形成了各具特色的模式，较为典型的有太仓模式、杭州模式、湛江模式等。不少学者通过实地调研等方式对各地区的模式进行了总结归纳与比较研究，从制度内容设计、基金筹集与统筹层次、承办主体等方面进行分析，展现了各地区的特点，总结了各地区模式所取得的成就与不足。这些研究搭建了各地区信息互通有无的桥梁，有利于促进相互之间的交流与学习，从而为完善地区大病保险制度提供有益经验。虽然各地区实践模式不一，但是最终目的是一致的，各地区可以因地制宜，通过不断探索与完善，提升大病保险制度的功能，最终实现殊途同归的目的。

总而言之，国内外相关研究已积累了一定的基础，对于后续研究的展开具有重要的指导意义。与此同时，已有的研究为大病保险制度设计与实践提供了有益参考，对制度的顺利实施起到了一定的推动作用。但是目前的研究呈现"散"和"浅"的特征，一方面，研究缺乏整体性和系统性，大量重复研究与空白研究并存，基本共识尚未达成；另一方面，对于大病保险制度描述性分析较多，缺乏更为深入的研究，对于大病保险制度的评估缺乏科学合理的指标，定性分析较为集中、定量分析明显不足。由于我国的大病保险制度运行时间不长，各地区仍处于探索阶段，不断发现问题、解决问题是推动制度向前发展的必经之路。在制度尚未成熟定型时期，没有必要强行将制度模式归一化，给予各地区自由发展的空间，通过有针对性地寻找适合本地区制度发展的路径可以促进制度的进一步完善，而在此过程中，大病保险制度仍有持续优化、创新发展的无限可能。因此，本书将进一步明晰大病保险定位，通过不同地区的实践内容，整理归纳大病保险的实践模式，在此基础上以实地调研数据对大病保险制度运行进行定量与定性评估，以期提出大病保险制度的创新与优化路径，从而进一步推动大病保险制度的发展。

第三章　大病保险性质辨析

以 2012 年 8 月的《指导意见》和 2015 年 7 月的《意见》为标志，我国于 2012 年开始试点、2015 年在全国全面实施城乡居民大病保险制度。但由于制度要素设计的特征以及制度名称同其他已有险种存在一定的分歧，城乡居民大病保险自建立之日起始终存在一些性质上的争议，例如，城乡居民大病保险是独立险种还是基本医保的一部分？是与商业健康保险或职工补充医保等类似的补充医疗保险，还是与医疗救助类似的托底性保障或者同基本医保相同依旧定位于保基本？概念上的分歧也引发了一些制度设计上的争议，例如，大病保险能否突破基本医保目录的限制？大病保险二次报销是否还应设定封顶线？商业健康保险公司在大病保险经办中究竟能扮演怎样的角色……为更好、更科学地进行大病保险创新发展的模式与路径探究，本书首先对城乡居民大病保险的性质进行一定的辨析。

（一）政策定义

政策文件是对制度本身最直观的定性，通过梳理与城乡居民大病保险相关的政策文件，包括保障范围的界定、病种或是医疗费用的界定、与其他政策相关关系的表述等，发现城乡居民大病保险在政策表述上具有以下特征：首先，城乡居民大病保险是基本医保的延伸；其次，城乡居民大病保险与医疗救助等托底性的制度共同构成重特大疾病医疗保障的防线；最后，城乡居民大病保险的大病含义是病种与医疗费用支出的混合标准。

2015年国务院办公厅印发的《关于全面实施城乡居民大病保险的意见》作为大病保险开展的指导性文件，在开篇即提出"城乡居民大病保险是基本医疗保障制度的拓展和延伸，是对大病患者发生的高额医疗费用给予进一步保障的一项新的制度性安排"。该表述将大病保险定义为"基本医保的拓展和延伸"。同样在2012年发展改革委等六部委《关于开展城乡居民大病保险工作的指导意见》中，关于开展城乡居民大病保险工作的必要性指出，"近年来，随着全民医保体系的初步建立，人民群众看病就医有了基本保障，但由于我国的基本医疗保障制度，特别是城镇居民基本医疗保险、新型农村合作医疗的保障水平还比较低，人民群众对大病医疗费用负担重反映仍较强烈"。可见，大病保险的产生是由于基本医保保障水平不够，从而在此基础上通过一个新的制度进一步提高保障水平。

大病保险是在基本医保基础上的拓展和延伸，但同时大病保险又与城乡医疗救助制度联系在一起，强调发挥二者的衔接作用，共同构成防止城乡居民"因病致贫返贫"的保障体系。2017年民政部等六部门发布了《关于进一步加强医疗救助与城乡居民大病保险有效衔接的通知》（民发〔2017〕12号），提出医疗救助和城乡居民大病保险是我国多层次医疗保障体系的重要组成部分，发挥保障困难群众基本医疗权益的基础性作用，对于二者在保障对象、支付政策、经办服务和监督管理等方面的衔接做出了细化的说明。该文件侧重于减轻贫困人口的疾病经济负担,重点指出要构建二者的无缝衔接机制,尤其是在费用的核算标准方面。城乡居民大病保险是对大额医疗支出的补偿,针对所有城乡居民医保参保人群,是避免个人和家庭发生灾难性医疗卫生支出的制度保障,而医疗救助则针对贫困人口,其发生灾难性医疗卫生支出、因病陷入贫困的可能性更高,所以大病保险与医疗救助一起组成了防止城乡居民"因病致贫返贫"的保障体系,构成重特大疾病医疗保障的防线,既有基本医保补充延伸的作用,又有医疗救助兜底保障的功能。

那么,在我国的政策语境中,何谓"大病"?从这一概念在不同时期不同场合的表述看,既有病种的概念,也有费用的概念。单纯的病种概念主要存在于由卫生部主管的农村卫生工作中,针对特定疾病提高保障水平。例如,2010年卫生部和民政部联合印发的《关于开展提高农村儿童重大疾病医疗保障水平试点工作的意见》规定,该试点工作可先从解决0~14周岁(含14周岁)儿童所患急性白血病和先天性心脏病两类重大疾病入手,各地区可以根据基金支付能力,增加试点病种;2012年11月卫生部印发《关于加快推进农村居民重大疾病医疗保障工作的意见》明确要求重点做好20种重大疾病的医疗保障工作,这些采用的都是医学上病种的概念。当大病保险正式作为一项覆盖城乡居民医保参保群体的政策出现时,"大病"便成了以经济费用概念为主,同时兼顾病种的定义。例如，2012年的《指导意见》和2015年的《意见》，共同提出"大病保险主要在参保（合）人患大病发生高额医疗费用的情况下，对城镇居民医保、新农合补偿后需个人负担的合规医疗费用给予保障。高额医疗费用，可以个人年度累计负担的合规医疗费用超过当地统计部门公布的上一年度城镇居民年人均可支配收入、农村居民年人均纯收入为判定标准，具体金额由地方政府确定。各地也可以从个人负担较重的疾病病种起步开展大病保险"。可见大病保险中"大病"的界定是根据经济标准进行划分的，实践中各地在起付线、支付比例等方面的设置也是经济概念的体现。但由于同时也允许各地区按照病种开展大病保险，大病保险的确定标准还一直在实践探索中，因此，城乡居民大病保险的大病含义是以医疗费用支出为主、以病种为辅的混合标准。

（二）大病保险的制度要素

制度要素是一项制度的核心内容，也是其区别于其他类似制度的特征所在。已有研究从大病保险的制度要素出发对大病保险的性质进行了探讨，例如，贾洪波（2017）从政策目标、保障对象、资金来源、基金管理和待遇支付五个方面分析大病保险具有基本医保属性；朱铭来（2013）指出大病保险的保障对象主体界定为城乡基本医疗保险参保的居民，其融资主体是城乡基本医疗保险基金的结余部分，这就决定现阶段的大病保险只能是基本医疗保险制度的完善和保障功能的延伸，而不是完全独立的一项新制度。本书借鉴已有研究的分析思路，通过对比分析城乡居民基本医疗保险（城镇居民医疗保险和新型农村合作医疗）和城乡居民大病保险的政策目标、保障对象、资金来源、待遇给付、管理机构等要素，试图厘清大病保险是属于独立险种还是基本医保的一部分。

从政策目标看，城镇居民医疗保险和新型农村合作医疗在建立初期均定位于"以大病统筹为主"，大病保险如前所述是在基本医保保障水平比较低的情况下建立的，强调与医疗救助等制度紧密衔接，共同发挥托底保障功能，有效防止发生家庭灾难性医疗支出。二者的政策目标基本一致，即对国民的医疗费用支出予以保障，防止发生家庭灾难性医疗支出。在保障对象上，大病保险覆盖城乡居民医疗保险参保人，由此大病保险的覆盖对象与城乡居民医保完全一致，但实践中也有部分地区将城镇职工纳入大病保险的范围。在资金来源上，城乡居民医疗保险以"个人缴费+财政补贴"为筹资形式。大病保险为了不增加个人负担，并没有独立的筹资来源，其资金来自城乡居民医保基金的划拨。即"城乡居民医保基金有结余的，利用结余筹集；结余不足或没有结余的，在年度筹集的基金中予以安排"。因此大病保险的筹资完全依赖于城乡居民医保。在待遇给付上，大病保险对经城乡居民基本医保按规定支付后个人负担的合规医疗费用给予保障，从各地的实践来看大致包括对个人自负的部分设置新的起付线，在基本医保的基础上提高或者取消封顶线，在大病保险支付段内的费用按统一比例或是分段支付的比例进行偿付，但这些进一步的费用报销的共同特征是，在核算的时候以"两定点""三目录"的政策范围内费用为依据，即大病保险的待遇支付首先要符合基本医保的政策目录，其次是对政策范围内基本医保报销后的费用予以二次偿付。因此可以简单地总结大病保险的待遇给付规定就是，基本医保提高报销比例或取消封顶线。最后在管理机构上，城乡居民医保的管理机构是人社部门（国家医保局成立前）、卫生部门等社会医疗保险管理机构，大病保险提出"原则上通过政府招标选定商业保险机构承办大病保险业务"。这种承办的具体形式在各地实践中也有一定的差别，有的只相当于是社会医疗保险管理部门之外的一个经办机构，有的则提出了商业健康保险公司自负盈亏。但若真的需要自负盈亏，其前提是自主设定筹资标准和待遇支付标准，而事实是筹资标准和支付范围已经由社会保险管理机构设定好了，商业健康保险公司只有经办权，没有实质性的决策权。因此，商业健康保险公司在承办大病保险中并没有运营一个险种所需要的独立管理权限，城乡居民医保和大病保险在管理机构方面的区别仅限于多了商业健康保险公司的一道经办程序，最核心的参保人、资金来源、资金给付等要素的管理仍旧是同一主体。

总之，城乡居民医保与大病保险二者在政策目标和保障对象上完全相同；在资金来源和待遇给付上大病保险依赖于城乡居民医疗保险，只是基本医保待遇的提升；唯一具有差异性的是管理机构，从各地实践看，实质性管理还是在城乡居民基本医保的管理机构，商业健康保险公司只是形式上的经办，换句话说，城乡居民医保的"会计"还是属于基本医保管理机构，商业健康保险公司扮演"出纳"的角色。因此，城乡居民医保与大病保险是具有高度同质性的制度（具体制度要素对比见表3-1），可以认为大病保险就是城乡居民医保的一部分，在城乡居民医保基础上待遇有所提升，而这也契合了政策文件中的定性，即"大病保险是城乡居民医保的拓展和延伸"。

表3-1 城乡居民医保与大病保险制度要素对比

项目	城乡居民基本医疗保险	城乡居民大病保险
政策目标	以大病统筹为主	与医疗救助等制度紧密衔接，共同发挥托底保障功能，有效防止发生家庭灾难性医疗支出
保障对象	除职工基本医疗保险应参保人员以外的其他所有城乡居民	城乡居民医保参保人群，部分地区涵盖城镇职工参保群体
资金来源	城乡居民个人缴费和政府财政补贴	从城乡居民医保基金中划出一定比例或额度作为大病保险资金。城乡居民医保基金有结余的，利用结余筹集；结余不足或没有结余的，在年度筹集的基金中予以安排
待遇给付	对符合"两定点""三目录"的政策范围内医疗费用，对起付线以上、封顶线以下的部分按比例报销	对经城乡居民基本医保按规定支付后个人负担的合规医疗费用给予保障

续表

项目	城乡居民基本医疗保险	城乡居民大病保险
管理机构	国家医保局（2018年国家医保局成立前是社保局）	国家医保局管理机构（2018年国家医保局成立前是社会保险管理机构）委托商业保险公司承办

（三）大病保险与商业重疾险的比较

与大病保险类似的还有商业保险中的大病保险或者叫重疾险，二者虽同样名为"大病"，但实质却差别很大。商业重疾险多是给付型的保险，即提前约定一些常见的病种，当投保人罹患合同范围内的病种时按照合同规定的费用直接给付，不限制使用范围，既能支付医疗费用，又是对生活费用的补偿。而筹资标准和保障额度是挂钩的，同时也根据缴费年限、性别、年龄、职业等因素确定筹资标准，这些都是提前约定的，总体来说筹资相当于保障额度在缴费年限内的平滑分担。但商业重疾险的单次缴费往往很高，而且对保障对象有一定的排斥，因此，年龄越大、健康状况不佳的群体，要么会被排斥在投保群体之外，要么会面临较低的保障额度、较短的缴费年限和较高的单次保费额。大病保险则是事后费用的补偿，费用范围限制在基本医保的目录内，但覆盖所有城乡居民医保参保者，个人不需要缴费，而城乡居民医保也不会因为年龄、健康等因素对参保者产生排斥。总的来说，社会医疗保险的"大病保险"和商业健康保险的"大病保险"并不是一个类型的险种，但实践中二者可以有一定的互补性，包括保障功能的互补性、保障范围的互补性、保障原则的互补性（蔡辉、吴海波，2015）。商业"大病保险"在基本医保和大病保险的基础上形成了补充保障，大病保险、商业重大疾病保险和重特大疾病保障的区别见表3-2。

表3-2 大病保险、商业重大疾病保险和重特大疾病保障的区别

项目	大病保险	商业重大疾病保险	重特大疾病保障
范畴	社会保险	商业保险	社会救助
性质和目的	不以营利为目的，避免城乡居民发生家庭灾难性医疗支出	以营利为目的，追求商业利润为投保人提供人身保障	不以营利为目的，健全社会救助体系，保障困难群众基本医疗权益
实施主体	政府主导，专业承办	独立的企业法人	主体是政府，还包括各种社会力量
实施手段	强制参保	自愿投保	无须购买，政府提供
资金来源	城乡居民基本医保基金中划出一定比例或额度	投保人缴纳的保险费	主要为国家各级财政，还包括各种社会资金
权利义务对等关系	基本相关（部分义务对应全部权利）	完全对等	受益者单方面权利
保障对象	城乡居民基本医保参保人群	具备缴费能力且符合投保条件的投保人	低于最低生活水平的公民
保障内容	按费用补偿	按病种支付	提供费用补偿或服务

续表

项目	大病保险	商业重大疾病保险	重特大疾病保障
保障水平	保障基本医保参保人群的基本生活需要	完全取决于投保人缴纳保费的多少和投保时间的长短	保障困难群众的最低生活要求
享受条件	履行基本医疗保险的缴费义务并达到规定条件	履行缴费义务并达到规定条件	需要进行经济状况调查

资料来源：郑梦灵．从大病保险的政策定位看商业保险的有效参与［J］．保险职业学院学报，2017，31（1）：62-65．

（四）大病保险的性质界定

通过以上对大病保险的政策文件分析、大病保险与基本医保的对比以及大病保险与商业重疾险的对比，本书认为当前的城乡居民大病保险还不能称为一个独立的险种，大病保险还是基本医疗保险的一部分。但由于大病费用支出对居民生活的影响程度更高，更容易造成因病致贫，在现实中城乡居民患大病时，在治疗手段和用药种类上一般都会突破政策规定的范围（徐善长，2013），因此大病保险理应可以脱离基本医保的一些限制性因素，例如，基本医保的三大目录。医疗救助、大病保险与基本医疗保险三个险种的制度之间需要形成互补关系，要从减轻老百姓实际负担、缓解其压力这一根本目标出发设计待遇政策，医疗救助与大病保险均应定位于解决基本医疗保险所不保的那部分医药费用问题，重点解决基本医疗保险所不能解决的问题，尽快改变医疗救助与大病保险仅对应承担基本医疗保险目录范围内费用的规则（何文炯，2014、2017）。而在实际操作中，既然已经探索了让商业健康保险公司承办大病保险，则可以继续发挥商业健康保险公司在疾病损失分布的观测和费用精算方面的优势，借鉴商业重疾险的设置，根据损失分布规律确定一些常见病种以及这些病种的常见诊疗项目和用药规则（可能这些项目和药品会突破现有医保目录的限制），将其纳入大病保险特有的目录之内；此外，为防止过度医疗可采取排除法确定大病保险医保目录，例如，在公费医疗和劳保医疗时期就曾用排除法确定一些不予支付的项目和药品，其余费用按规定支付，即对达到大病保险支付范围的费用排除一些不予支付的内容，其余的作为合规医疗费用从大病保险基金中予以偿付，而不是仅限于当前基本医保的目录。

总之，大病保险是基本医保的一部分，是基本医保的拓展和延伸。但由于其保障范围的特殊性，大病保险理应在基本医保基础上有所突破，由基本医保、大病保险、医疗救助、商业健康保险共同构筑一个覆盖全体国民的重特大疾病保障体系，以防范城乡居民发生灾难性医疗卫生支出和因病致贫返贫，最终以提高城乡居民的健康水平为根本目标。

第四章　大病保险模式划分

大病保险在各地区政策制定与实践过程中逐渐形成了不同的制度模式，在筹资标准、筹资水平、保障范围、保障对象等多方面均存在一定差异。多样化的制度模式既丰富了大病保险的内涵，也进一步充实了大病保险的制度内容。在研究大病保险制度创新发展模式和路径之前，有必要先系统梳理大病保险在各地区的政策，总结不同地区大病保险制度内容的共性与差异，为后续研究摸清情况，打好基础。

（一）筹资来源

在大病保险的筹资来源方面，2015年国务院办公厅颁发的《关于全面实施城乡居民大病保险的意见》中规定从城乡居民基本医保基金中划出一定比例或额度作为大病保险资金。城乡居民基本医保基金有结余的地区，利用结余筹集大病保险资金；结余不足或没有结余的地区，在年度筹集的基金中予以安排。从各地区的实践情况来看，绝大部分地区以医保基金划拨为主，也有地区在遵循该原则的基础上进行了一定的创新与补充。目前我国大病保险的筹资来源主要分为三种，即医保基金划拨型、来源扩充型以及个人出资型。其中医保基金划拨是基金筹资的主流趋势，来源扩充和个人出资只是在个别地区实施，不具有普遍性。

将医保基金划拨作为资金筹集来源的地区数量众多。从省级筹资单位来看：安徽、甘肃、福建、广西、贵州等多个省份坚持医保基金有结余的地区对大病保险基金进行划拨，结余不足的地区在年度提高筹资时进行统筹安排的原则，各省的政策文件对资金来源进行了明确规定。也有部分地区认识到医保资金有限性问题，如四川、湖北、内蒙古等地区提出完善基本医疗保险多渠道筹资机制。其实，大病保险基金依附性强，资金来源渠道单一是影响该制度最为核心的问题，部分地区积极鼓励大病保险制度的多渠道筹资。这就涉及大病保险基金来源的第二种类型即来源扩充型，该类型以基本医保资金划拨为主，在此基础上进一步拓展来源渠道，维护制度发展的可持续性。广东规定试点阶段的大病保险资金可从城乡居民医保基金收入或基金结余中筹集，采取按季划拨、年度结算的方式。有条件的地区可结合当地实际，探索政府补助、公益慈善等多渠道筹资机制。江西也提出建立健全大病保险多渠道筹资模式。山西将"城乡居民大病保险资金依法接受各种形式的社会捐助"写入政策文件，也是对拓展资金筹集渠道的有益探索，为其他地区提供了经验。第三种类型为个人出资型，江苏江阴作为大病保险制度发展的典型代表地区，资金筹集渠道也与众不同，江苏江阴的大病保险的保障主要由个人出资实现。2018年江苏江阴的人均筹资水平为1000元。值得注意的是，这笔费用并不是全部由个人承担，个人承担一小部分，即230元，剩余部分由市财政和镇（街道）财政对个人补贴。其中两级财政分别对个人补贴390元和380元。针对贫困人口等弱势群体两级财政各自承担一半,个人不承担缴费责任。

以基本医保基金划拨为主的筹资渠道造成了大病保险基金缺乏独立性,制度的发展受制于资金的有限性。山西等地区通过引入社会力量参与,拓宽资金筹集渠道,推动制度可持续发展的有益探索值得关注。

(二) 筹资标准

在筹资标准方面,各地区的政策与实践逐渐形成了三大类型:一是固定金额筹资;二是比例筹资;三是未明确具体筹资标准。首先,以固定金额进行筹资,例如,吉林2013年城镇居民人均筹资水平为60元,农村居民为50元;山东2018年将筹资标准定为每人每年66元;甘肃2018年的筹资标准为人均65元。与这些地区形成强烈对比的是安徽2018年人均筹资水平为35元,宁夏为32元。与此同时,部分地区未公布具体筹资数额,而是规定了最低限额、最高限额或者大致范围,例如,辽宁规定城市居民的人均筹资水平不能低于30元,农村居民的筹资水平不能低于25元;广西的人均筹资水平不高于35元;云南2014年的政策规定大病保险的筹资水平人均20~40元,原则上每人25元左右;广东2015年为每人不超过35元;海南2014年人均筹资标准为25元。总体来看,这些按照固定金额筹资的地区在数额标准方面存在一定差距，筹资标准参差不齐。

其次，部分地区按照比例进行筹资。筹资比例基数分为人均医保筹资标准和基本医保筹资总额两种。以人均医保筹资标准作为比例基数的为多数，例如，福建规定按照当年基本医疗保险人均筹资标准的5%进行筹资；贵州规定不低于年度人均筹资总额的5%；内蒙古规定不能低于上年度人均筹资水平的5%；山西规定大病保险筹资标准不低于基本医保筹资标准的5%，同时不能高于10%；湖北规定筹资标准为上一年度人均筹资总额的5%，抗风险能力弱的地区可适当提高筹资标准，不超过上年度人均筹资标准的10%；湖南人均筹资标准也在当年人均基本医保筹资标准的5%左右。由此可见，这些地区多以5%的比例作为标准进行筹资，但同时这些地区也存在细微差别：有的地区如内蒙古以上一年的标准为参考，也有的地区以当年的医保筹资标准为参考。采用基本医保资金总额作为比例基数的地区，如上海规定筹资标准为当年城乡居民筹资总额的2%左右，广东东莞为不超过上年度基本医保基金筹资总额的5%。

最后，还有部分省份未明确具体的筹资标准，如河北、陕西、天津、重庆、西藏等地区。大病保险的筹资标准需要考虑多重因素，由于统筹层次等问题，这些省份未规定具体的标准。各地区可以结合当地经济社会发展水平、基本医保筹资能力及支付水平、大病发生率等多种因素，科学制定合理的筹资标准，从而保证基本医保基金和大病保险资金的总体平衡的实现。

（三）保障对象

2015年的《意见》中指出基本医保的参保人应为大病保险的保障对象。各地区的政策基本与之保持一致，但也有少数地区对保障人群进行了拓展，将城镇职工群体纳入其中。其实，早在2012年的《指导意见》中已提出有条件的地方可以探索建立覆盖职工、城镇居民、农村居民的统一的大病保险制度，现部分地区已经实现。因而，从整体情况来看，我国大病保险的覆盖对象主要分为两种类型，一种是城乡居民，另一种是城乡居民和城镇职工。

随着新农合与城镇居民基本医疗保险整合为城乡居民基本保险，城乡分割的状态不再持续，也为大病保险制度整合创造了条件，之前城镇与农村大病保险各自运行的局面结束。目前，我国大部分地区的大病保险制度的覆盖对象为参加城乡居民基本医疗保险的人群，从省级层面来看，包括四川、山西、陕西、湖南、湖北等地区，还有少部分地区实现了城乡居民大病保险和城镇职工大病保险的整合，保障对象范围得到进一步扩大。如浙江2012年的保障对象为城镇居民医保、新农合的参保（合）人，2014年将参加城镇职工基本医疗保险的参保人纳入了进来。江苏实行市级统筹，各市先后探索了将大病保险向城镇职工基本医疗保险参保人员的延伸，如江苏的苏州、常州、无锡等地区均已建立了覆盖职工和城乡居民的大病保险制度。江苏南京2018年颁发的《南京市政府办公厅关于统一城镇职工和城乡居民大病保险的实施意见》提出，从2019年1月1日起将大病保障对象改为城镇职工基本医疗保险、城乡居民基本医疗保险的参保人，在推动大病保险制度的发展过程中实现城镇职工大病保险制度和城乡居民大病保险制度的整合。广东也在积极探索扩大大病保险制度的覆盖人群，《广东省人民政府办公厅关于进一步完善我省城乡居民大病保险制度的通知》中指出，要积极探索大病保险制度向城镇职工人群的延伸，不断缩小城乡之间、制度之间的差距，随着制度的不断完善形成统一的大病保险制度，从而提升制度的公平性。此外，厦门、内蒙古乌海等地区的大病保险制度也将城镇职工参保人纳入了进来，为制度的整合奠定了良好的基础。

（四）保障范围

2012年的《指导意见》在保障范围方面指出大病保险的保障范围可以是以费用为标准的划分，也可以先从个人负担较重的疾病病种起步。从各地区的实践来看主要有三种分类，多数地区采取的是以费用作为划分标准，如海南、湖北等地区明确提出大病保险的保障范围不受病种限制；极少数地区根据病种确定保障范围，主要以上海地区为代表；还有部分地区在以费用为范围的基础上加入了一些病种，进一步扩大了大病保险保障范围。

在以费用划定保障范围时，主要涉及两个概念，即高额医疗费用和合规医疗费用，高额费用可以根据个人年度累计负担的合规医疗费用超过上一年度城镇居民人均可支配收入、农村居民人均纯收入进行判定，各地区参照该标准设定了不同的数额；合规医疗费用由政府具体规定。这就涉及保障范围与基本医保目录的关系，不同地区在具体实践中存在一定差异，主要分为三种类型：第一种是完全以基本医保目录为主，如辽宁的大病保险制度的合规医疗费用，原则上与城乡居民基本医疗保险支付范围保持一致，此外，还有广东、福建等。第二种是在基本医保目录的基础上进行个别内容的调整，增加目录的适应性和针对性。如安徽提出，大病保险的合规费用在城镇基本医疗保险的三个目录内的医疗费用的基础上加入了除《安徽省基本医疗保险、工伤保险和生育保险基本药品目录》外的，但确实为临床治疗所需要的治疗类药品的费用。第三种是制定了单独的大病保险不予报销的目录，如广西将合规医疗费用定义为实际发生的、在《自治区卫生计生委、人力资源和社会保障厅关于印发广西城乡居民大病保险不予支付项目的通知》规定的不予支付项目之外的合理医疗费用。贵州的合规费用为个人自付医疗费用按照《关于印发〈贵州省农村居民大病保险不予支付项目（试行）〉的通知》的规定，剔除不予报销项目后，实际发生的费用。从总体来看，随着制度的不断发展，逐步扩大大病保险保障范围，从基本医保目录内走向目录外成为必然趋势，部分地区已经提出相关要求，例如，湖南规定由省级医疗保障部门在精算平衡的基础上，统一调整扩大药品、诊疗项目、高值医用耗材目录等大病保险合规医疗费用范围。辽宁也提出逐步探索将城镇基本医保支付范围之外，具备难替代、价格较为昂贵、疗效确切等特征的药品费用纳入合规费用。

以病种确定保障范围的地区较少，目前，上海的大病保障主要以病种的区分划定了支付范围，且规定较为具体。2016年上海市人民政府办公厅印发《上海市城乡居民大病保险办法》的通知规定，大病保险的保障范围包括因重症尿毒症透析治疗、肾移植抗排异治疗、恶性肿瘤治疗（化学治疗、内分泌特异治疗、放射治疗、同位素治疗、介入治疗、中医治疗）、部分精神病病种治疗（精神分裂症、中重度抑郁症、躁狂症、强迫症、精神发育迟缓伴发精神障碍、癫痫伴发精神障碍、偏执性精神病）所发生的医疗费用。吉林长春也实施按病种付费，城镇居民大病保险首批补偿病种共40种。

此外，部分地区采取费用和病种相结合的方式，进一步扩大了保障范围。例如，甘肃、江苏、辽宁盘锦等地区将个人自负超过一定标准的住院费和门诊特殊病种相结合作为合规医疗费用。山东实施按费用额度补偿，针对最初制定的新农合重大疾病保险所规定的20类疾病，2014年实施单独补偿。吉林在实施按费用划分支付范围的同时提出了逐步将本省42种新农合大病保障病种纳入大病保险。较为全面的大病保险保障范围是保证制度目标实现的必然要求，各地区在实践的过程中对制度保障范围不断进行适时调整，有利于推动大病保险制度的完善。

（五）保障水平

大病保险的保障水平是影响保障效果的重要因素。保障水平的高低决定了制度减轻患者经济负担的程度。2012年的《指导意见》中指出合理确定补偿政策，支付比例不得低于50%，原则上随着费用的提高，支付比例也应相应提高。从各地区的实践来看，虽然遵循了中央的基本原则，但报销水平仍参差不齐，起付线和封顶线的设置也存在较大差异。

从省级层面来看，大病保险的报销水平主要出现了两种类型，一种是明确规定了分段报销比例或固定比例，另一种是提出报销比例不低于50%，随着费用的增加，报销比例增加。在规定了具体比例的地区中，主要分为分段比例报销和固定比例报销以及二次补偿三种。其中，分段比例报销中费用阶段划分和报销水平均存在一定差异，例如，安徽规定在5万元以下的报销比例为55%，5万~10万元的报销比例为65%，10万~20万元的报销比例为75%，当费用超过20万元时，报销比例为80%，通过不同费用段的累加得到大病保险补偿的总额；河南分段报销比例在1.5万~5万元、5万~10万元、10万元以上分别为50%、60%、70%；甘肃2018年大病保险补偿政策调整为1万元以下报销60%，1万~2万元报销65%，2万~5万元报销70%，5万元以上10万元以下报销75%，10万元以上报销80%；重庆的报销比例较为简单，分二段累进补偿：起付线以上到20万元之间报销比例为50%，20万元以上报销60%；湖北的3万元以下、3万~8万元、8万~15万元、15万元以上四个阶段费用的报销比例分别为55%、65%、75%、85%。特困人员等特殊群体的支付比例在此基础上增加10个百分点；北京以5万元为分界线，起付线以上5万元以下的医疗费用报销比例为50%，超过5万元的部分报销比例为60%；贵州同样实施分段报销，赔付比例实施分段累加政策，第一档赔付比例不得低于50%。山东的报销比例同样分为两档，20万~30万元的部分报销比例为70%，30万元以上的部分报销为75%，一个医疗年度内，大病保险最高支付限额为40万元。

实施固定比例报销和二次补偿的统筹地区较少，上海实施固定比例报销，在基本医疗保险报销的基础上实施大病保险报销，支付比例为55%，方便了管理与计算，但对于花费较高的病种报销水平较低，容易造成报销的累退效应。二次报销的地区以山西为代表，该地区规定起付标准之上5万元以下，报销比例为55%，5万~10万元报销比例为65%，10万~20万元报销比例为

75%，20万～30万元报销比例为80%，30万元以上报销比例为85%。值得注意的是，山西在基本医疗保险和大病保险报销之后实施二次补偿，当前两项报销完成后合规个人自付费用超过5万元时，按照50%的比例支付，实现了大病保险的二次报销，并在一定程度上减轻了大病患者的负担。此外，河南洛阳作为大病保险实施较为典型的地区，也采取了二次补偿的方式。基本医疗保险报销后个人的自付额在8000元以上的，以50%的比例实施大病保险报销，当患者多次住院发生的医疗费用在基本医保和大病保险报销后，个人年度累计负担的合规费用在2.5万元以上的部分，大病保险按照50%的比例实施再次报销，减轻了大病患者的负担。

由于统筹层次问题，部分省份未能确定大病保险的具体报销比例，只是给出了限定范围。例如，福建、广东、海南、河北、陕西、江苏、四川、浙江、内蒙古、西藏均从宏观层面规定了大病保险支付比例应为50%以上，不断提高支付比例，完善分段支付机制，随着医疗费用支付的增加，报销比例提升。广西制度较为特殊，自治区以内的报销比例不低于53%，自治区以外报销比例统一为51%。吉林规定2017年的最低支付比例为55%，最高不超过80%。辽宁大病保险支付比例，随起付线以上的合规费用而增加，合规费用每增加5万元，报销比例提高5个百分点，最高支付比例控制在70%左右。

（六）起付线与封顶线

起付线是大病患者在享受大病保障时合规费用需要达到的一定数额，封顶线是大病报销的最高限额，起付线和封顶线的设置与否以及标准的高低影响了大病保险的保障范围和保障水平。

在起付线的设定方面，部分地区设置了起付线的参考区间，例如，安徽规定各统筹地区根据基金的承受能力，将大病保险的起付线设定为1万~1.5万元，考虑基金实际运行状况等因素实施动态调整，针对困难的群体可以将起付线减半或者定为0.5万~1万元；福建提出各统筹地区根据基金承受能力，在1万~2万元内确定起付线；广西规定起付线不得高于1.5万元；山东的起付线原则上不超过2万元；云南的起付标准为1万~1.5万元，具体数额由各统筹单位决定。也有部分地区明确了起付线的具体数值，例如，河南实现了全省统筹，因此统一规定起付线为2万元；湖北的起付标准为1.2万元；甘肃的起付线为5000元，特困群体、城乡低保户、特困供养人员的起付线为2000元；海南2014年的起付线为8000元；重庆2013年的起付线为1.3万元。还有一部分地区将上一年度城乡居民人均可支配收入作为参考，未明确规定大病保险的报销起付线。例如，福建以上一年度当地城镇居民、农村居民的人均可支配收入作为标准进行测算，具体数额由各统筹地区自行研究决定，同时需要实施动态化调整；广东的起付线也以统筹地区上年度城乡居民人均可支配收入为依据，规定起付线应与上年度城乡居民人均可支配收入相当，不能高于该指标，特困供养群体的起付标准可进行适当下调，不得低于80%，城乡低保人员和建档立卡的贫困人员的起付标准不得低于70%；宁夏的大病保险起付标准，根据上年度城镇居民和农村居民人均可支配收入的平均数确定，各统筹地区可综合基金运行状况和城乡居民收入水平等因素，在上、下15%的范围内自行确定；辽宁的大病保险起付线，根据个人累计负担的合规医疗费用超过上一年度城镇居民收入的50%确定；贵州、河北、四川、西藏、湖南、内蒙古同样是以上一年度城乡居民人均可支配收入为依据。针对贫困人群部分地区不再设起付线，如河北2016年取消了贫困群体大病的起付线，贵州六盘水2017年也取消了贫困群众的起付线。

封顶线是对大病患者年度最高支付额度的限制。从我国整体情况来看，部分省份设置了具体数额的封顶线，部分省份确定了封顶线的范围或者要求各统筹地区根据自身实际情况自行设定，同时还有一部分省份未设定封顶线，保障了制度实施效果。具体来看，2019年山东、山西、河南年度最高支付额为40万元；2019年海南最高支付额为22万元；湖南最高支付额为30万元；云南2019年的最高支付额为15万元；重庆2019年的最高支付额为20万元；河北2016年针对贫困人口的封顶线为50万元，针对其他人群的报销封顶线未公布。各地区封顶线设定水平存在一定差异，较低的封顶线无法使大病患者得到应有的保障而影响了制度的实施效果。在资金有限的情况下，为保证制度的运行效果与效率，随着医疗成本增加、疾病谱等多种因素发生变化，大病保险的封顶线也应该实现动态化调整直至取消，以满足大病患者的实际需求。

由于封顶线的设定受多种因素共同影响，不同统筹地区具体情况存在差异，因此一些省级单位只是规定了封顶线的范围以保证封顶线设置的合理性。湖北规定封顶线不得低于30万元，针对贫困人口的封顶线不得低于35万元；浙江的封顶线按照起付标准的10~15倍制定。福建省规定各统筹地区以当地的实际情况确定最高支付限额，城乡居民基本医保最高支付限额与大病保险的最高限额之和，不得低于国家和本省城乡基本医疗保险的最高支付限额。此外，也有较少的省级单位未给出封顶线的范围，如贵州规定大病保险封顶线由各州市自行确定，西藏提出封顶线的设置应综合考虑多种因素，并由相关部门共同研究确定，以此增强封顶线的针对性和适应性。

甘肃、宁夏、四川、吉林、辽宁、新疆等多个省份无封顶线，大大提升了大病保险的保障水平。安徽省较为特殊，将省内就医与省外就医进行了区分，前者大病保险补偿不设封顶线，后者将大病保险的封顶线设为15万~20万元。内蒙古提出各统筹地区可以根据实际需要确定是否设置封顶线。广东只针对困难群体不设封顶线,其他人群的封顶线具体数额没有公布。

在有封顶线的情况下,大病治疗费用超出该额度便无法享受大病保障,而高额费用的支出更容易使家庭难以承受从而陷入贫困,因此,无封顶线的设置满足了患者高额费用支出的需求,一定程度上提升了制度的保障效果。各地区在经济条件允许的情况下可逐步探索取消大病保险封顶线的设置,将更多有需求的人纳入保障范围,提升大病保险保障水平。

(七)承办机构与方式

2012年的《指导意见》提出支持商业保险机构承办大病保险,采取向商业保险机构购买大病保险的方式,发挥市场机制的作用,保证大病保险运行效率、服务水平和质量的提高。从实际情况来看,绝大多数地区在大病保险领域都引入了商业保险机构,但同时还存在个别地区由政府部门承办。因此大病保险承办主体的不同决定了承办方式的差异。

以承办机构来进行区分,商业保险机构承办占到了90%左右,从省级统筹单位来看,只有北京没有委托商业保险机构管理,仍由人社部门(现转为医保局)负责。其中北京的门头沟、平谷、密云引入了商业保险机构。此外,较为典型的地区如杭州的大病保险制度也是由社会保险机构承办的。

从商业保险机构承办大病保险的实践来看，商业保险机构在制度实施过程中因发挥的作用不同而逐渐形成了不同的经办模式，主要体现在社保机构与商保机构合作关系和风险分担方面的差异。

对比各地商业保险机构承办模式之后发现，由于社保与商保合作紧密程度不同，产生了两种模式：从属型与合作型。我国大部分地区的商保机构属于从属型，这也是商业保险机构未能有效发挥其专业优势的重要原因之一。商业保险机构在大病保险运行中处于被动地位，筹集资金直接由医保基金拨付，筹资标准、赔付比例等内容的设置也都由政府直接制定，信息获取也存在困难，因而使商业保险机构的精算优势难以发挥。在运营过程中缺乏话语权，仅发挥了"出纳"的作用。虽然存在合作关系，但仅限于弥补人员和经费缺口，甚至部分地区商业保险机构的工作仅限于核查。例如，四川成都的商业保险公司主要承担医保稽核工作，针对事前已备案医院或挂床等骗保行为，与社保机构一起进行稽核；而北京平谷的新农合引入商业保险机构使其仅承担稽核工作，对医疗费用支出进行监控，不参与对大病患者的补偿过程，完成控费要求时，由财政拨付一定数额的经办费用，若费用超支严重，商业保险机构对超支部分承担相应责任。由此造成了商业保险机构在大病保险运行中处于从属地位，政府与商保机构力量明显不对等，商保机构地位的弱势抑制了其应有作用的发挥。此外，也有地区引入商业保险机构实现了真正意义的合作。例如，河南社保机构对商保机构的态度较为开放，二者合作关系也较为密切，实现了信息共享，商业保险公司可以获取居民的所有信息，从而实施更高效的管理。山东实现了商业保险机构与社会保险机构的信息对接，确保商业保险机构实时获取相关信息，发挥了经办与监管职责。

在商业保险机构承办大病保险的情况下，各地在社保和商保机构风险分担方面也存在差异，绝大部分地区按照2015年的《意见》实施。例如，安徽、福建、广东、贵州、海南、河北、河南、辽宁、内蒙古、宁夏、山西、陕西、四川规定商业保险机构的盈利率控制在一定范围内，超过合同约定的结余需要向基本医保基金返还。当出现亏损时，若为政策性调整、突发重大公共卫生事件等原因导致，基本医保基金和商业保险机构共同分摊，非政策性亏损由商业保险机构独自承担。吉林规定大病保险盈亏率在±3%（含）之间时，由商业保险机构自负盈亏。较为特殊的是，当盈余率超过3%但低于5%（含）时，盈余总额的30%作为商业保险机构的收益，剩余70%返还基本医保基金。盈余率在5%以上的部分全部返还基本医保基金。若出现亏损，当亏损率超过3%但小于5%时，商业保险机构和城乡居民基本医保基金各自承担一半的亏损额。政策性亏损或其他不可抗力造成亏损率超过5%时，相关部门协商提出解决方案。

广西和天津的盈利分配办法与上述几个省份相同，但在亏损处置方面存在一定差异。亏损率在一定比例范围内时，商业保险机构与社会保险机构共同分担。广西的政策规定当亏损率不大于目标值时，通过评估后将符合大病保险政策支付范围的亏损由商保机构和城乡居民医保基金各支付50%，亏损率超出目标值的部分全部由商业保险机构承担。天津明确了具体比例，规定大病保险盈余率在5%之内的部分由商业保险公司享有，超出部分返还居民基本医保基金。亏损率低于5%时由商业保险机构承担，5%~10%的部分，由商保机构和基本医保基金各承担50%，超出10%的部分则全部由商保机构承担。

甘肃采取由商业保险机构完全承担经营风险的方式，通过招标确定的商业保险机构与省医改办签订合同，期限不低于3年，经营风险由商业保险机构独自承担。同时，建立风险调节机制，在扣除商保机构运行成本和一定盈利后，结余纳入省级财政大病保险专门账户。政策性因素导致的超支可适当调整次年筹资标准。此外，为加强对商业保险机构的管理引入第三方考核机制，将考核结果与大病保险经办成本拨付挂钩。单独承担经营风险的方式，给商业保险机构经营带来较大压力的同时减轻了政府的责任，第三方考核也对商业保险机构的运营提出了更高的要求，保证了制度的运行效果。

社保与商保机构的关系定位决定了大病保险运行中商保机构的职能，不对等的地位使商保机构难以获取有价值的资源，并且商保机构的所有活动以政府的政策制定为准而缺乏独立性，限制了专业化运作优势的发挥。另外，在风险分担方面商业保险机构处于被动地位，政策规定商业保险的盈利率为一定比例，剩余返还医保基金，这种设计对商业保险机构的激励效应不足。而非政策性亏损由商业保险机构承担或者如甘肃规定的商业保险机构采取的自负盈亏模式，不利于商业保险机构与社会保险机构的长期合作。因此，逐步探索社保与商保的有效合作模式，真正实现二者之间的资源共享、平等互利是实现大病保险制度长期稳定发展的必备要素。

（八）统筹层次

大数法则决定了大病保险制度的统筹层次越高、覆盖范围越大，抵御风险的能力就会越强。过低的统筹层次可能导致基金缺乏共济和抗风险的能力，从而降低了制度的保障水平与效果。随着制度的完善，我们对大病保险的统筹层次提出了更高的要求。2012年的《指导意见》指出，大病保险可以市级统筹，也可以逐步探索全省范围内的统一政策、统一组织实施，从而提高抗风险能力。

从目前各地区实践来看，绝大多数地区实行市级统筹，安徽、福建、广东、广西、贵州、河北、宁夏、山西、陕西、四川、湖北、湖南、辽宁、内蒙古、云南、浙江、江苏、黑龙江、江西、新疆共20个省份提出实施市级统筹，并逐步探索积极推进全省统筹，从而提高大病保险基金的抗风险能力。也有少部分地区制度发展较快，统筹层次较早实现了省级统筹，包括甘肃、海南、青海、吉林、山东、上海、天津、重庆、西藏、河南共10个省级行政单位。统筹层次较高不仅有利于制度的统一推进，提升运行效率，也进一步发挥了互助共济功能，提升了基金的抗风险能力，这在一定程度上减轻了制度的基金压力。在10个实现省级统筹的省份中，甘肃、海南、青海、吉林、西藏地区由于人口密度相对较小，制度统筹的阻力较小，有利于实现大范围的统筹，保证公平的实现。而上海、天津和重庆作为直辖市，较强的经济实力为统筹的实现奠定了基础，加之辖区内各地区经济发展差异相对较小，减小了统筹的阻力。山东快速发展的经济水平与强大的经济实力是保证其先于其他省份实现省级统筹的重要因素，河南虽然经济实力不如山东，但是仍排在全国较为靠前的位置，加之两地政府的高度重视与大力推动，为省级统筹实现奠定了基础。

统筹层次提升是制度发展的必然趋势。目前我国各地区的统筹层次较低，以市级统筹为主，大病保险难以发挥互助共济的功能，基金结余与基金不足的地区之间无法进行调剂，从而降低了基金的使用效率，影响了制度功能的发挥。随着社会经济发展水平的提高与大病保险制度的不断完善，逐渐实现省级统筹是增强基金抗风险能力、保证制度可持续发展的重要条件。

第五章 大病保险运行评估

大病保险的实际运行情况是探究大病保险制度创新发展的实践基础。因此，本部分依次对大病保险的全国运行情况、部分地区的调研访谈以及特定地区大病保险基金运行情况进行具体分析，从而评估大病保险的运行状况，发现当前大病保险在实践中取得的成效和需要进一步解决的问题。

（一）全国情况分析

大病保险制度自实施以来备受关注，其在缓解因病致贫、因病返贫方面发挥了重要作用，一定程度上减轻了大病患者的经济负担。经过不断的探索与完善，大病保险制度日渐成熟。然而，在实际运行过程中也出现了一些问题阻碍了制度的发展。所以，从宏观层面了解大病保险制度的运行现状并对全国大病保险制度的运行状况进行评估是促进制度全面优化的前提条件。

1. 大病保险运行成效

我国大病保险制度于 2012 年开始试点、2015 年全面实施，从横向扩面到纵向结构调整，大病保险制度经历了持续健全与优化的过程，各方面成果逐步显现，尤其表现在覆盖面广泛、保障效果显著、管理服务创新、政府投入与监管力度加大、群众就医体验提高等方面。

（1）覆盖面广泛。大病保险制度的覆盖面直接决定了受益对象的范围，所有城乡居民医疗保险参保人员均享有大病保障是制度的基本要求。2013 年城乡居民大病保险覆盖的人数已超过 2 亿①。2014 年，覆盖人数为 6.5 亿人②。随着《意见》的印发，截至 2015 年底，各省（自治区、直辖市）及新疆生产建设兵团所辖统筹地区全面实施城乡居民大病保险，实现了地区全面启动、人员全面覆盖、待遇全面兑现"3 个 100%"。全国 10.5 亿城乡居民被纳入大病保险保障范围，初步实现"应保尽保"。覆盖面的扩大，给予更多的人享有大病保障的机会，从而提升了制度的可及性。此外，受益人群的扩大与赔付资金的支出增加可以作为衡量制度覆盖面扩大的间接指标。资金支出的直接受益人为大病患者，赔付资金的数额增加意味着大病保险制度满足患者需求程度的提升。2016 年我国大病保险制度累计赔付资金已经超过 300 亿元，直接受益的人数大约为 1010 万人次，比 2015 年增加近 400 万人次③。从地区数据来看，山西 2016 年大病保险为全省 2450.1 万城乡居民每人提供最高 40 万元的大病医疗保障，承办

---

① 大病医保覆盖人群超 2 亿 将来覆盖人数或超 10 亿 [EB/OL]. https：//www. new. qq. com/cmsn/20130802/20130802000882, 2013-08-12.
② 我国已在 27 省份开展大病保险 覆盖城乡居民 6.5 亿人 [EB/OL]. http：//www. politics. people. com. cn/n/2014/1210/c70731-26184570. html, 2014-12-10.
③ 李斌. 大病保险效果明显，实际报销比例达 70% [EB/OL]. http：//www. nhfpc. gov. cn/zhuz/mtbd/201703/e2ecd2f7444e40f9b16b3c960ad3df8f. shtml, 2017-03-11.

以来累计赔付近9亿元，12.8万人次直接受益①；广东大病保险为全省6800多万城乡居民提供了大病保险保障，截至2016年底，保险业已向16.9万城乡居民支付本年度大病保险赔款共12.7亿元②。2016年，山东大病保险基金对196.45万人次补偿医疗费用共32.60亿元，补偿率为110%③。居民大病保险制度实施以来，累计对449.87万人次补偿医疗费用共88.83亿元。2018年政府工作报告中指出我国大病保险制度已经基本建立、已有1700多万人次受益④。因此，随着大病保险覆盖面的扩大，更多的人享受到了应有的保障，从而免于陷入贫困。

（2）保障效果显著。大病保险制度以缓解因病致贫、因病返贫为目标，聚焦于大病患者高昂的费用负担，给予患者较为充分的保障，避免发生家庭灾难性医疗卫生支出。大病保险制度是在基本医疗保险的基础上实现的进一步报销，支付比例为50%以上，两制度无缝衔接提升了保障效率与水平，基本医疗保险与大病保险总报销水平已经超过了80%。其中关于大病患者住院费用

---

① 秦嘉敏. 山西保险工作实现新跨越［EB/OL］. http：//www.news.10jqka.com.cn/20160215/c587839451.shtml，2016-02-15.

② 郭家轩. 2016年广东向16.9万城乡居民支付大病保险赔款12.7亿元［EB/OL］. http：//www.sohu.com/a/125003878_115401，2017-01-23.

③ 人民日报点赞山东大病医疗救助：实际报销比例达七成［EB/OL］. http：//www.sd.sina.com.cn/news/2017-07-06/detail-ifyhwefp0114708.shtml，2017-07-16.

④ 2018年政府工作报告［EB/OL］. http：//www.mod.gov.cn/topnews/2018-03-05/content_4805962.htm.

实际报销的比例,全国平均水平达到70%左右①。个别省份及地区报销比例更高,如江苏太仓的大病保险制度实施分段累进报销,最高报销比例达到82%②;甘肃实施分段报销,10万元以上报销80%③。此外,鉴于大病与贫困有着密不可分的关系,大病保险制度的实施对于精准扶贫政策具有重要意义。根据精准扶贫的要求,针对低保特困和建档立卡贫困人口实施政策倾斜,通过降低起付线、提高支付比例和封顶线等方式给予照顾。据统计,全国23个省份已经出台社会保险扶贫文件,27个省份制定了城乡居民大病保险向贫困人员倾斜的政策。大病保险实施前后大病患者费用报销比例在基本医保之上平均提升10个百分点以上④。个别地区甚至更高,如2015年1—6月,宁夏享受大病保险待遇共16371人次,人均报销共5444.54元,实际报销比例在基本医疗保险报销基础上提高了16.11%⑤。从2016年的全国数据来看,前三季度大病保险患者实际报销比例在基本医保的基础上提高了13.85%。个人最高累计报销金额为53.87万元,其中个

---

① 人社部.基本保险+大病保险的政策报销水平已经超过80% [EB/OL].http://www.chinadevelopment.com.cn/news/zj/2018/02/1237756.shtml,2018-02-26.

② 宋宝香,孙文婷.商业保险机构参与医疗保障体系的模式比较研究——以城乡居民大病保险为例 [J].中国卫生管理研究,2016,1(00):84-103,198-199.

③ 甘肃省人民政府办公厅关于印发甘肃省城乡居民大病保险工作实施方案(2018版)的通知 [EB/OL]. http://www.gansu.gov.cn/art/2018/5/14/art_4786_362351.html,2018-05-14.

④ 社保扶贫惠及贫困群众 [EB/OL]. https://www.baijiahao.baidu.com/s?id=1590438717488729197&wfr=spider&for=pc,2018-01-24.

⑤ 张博,咸胜玉,王永超,任翔.宁夏大病保险实践的启示 [J].中国医疗保险,2015(11):37-39.

案最高赔付达到111.6万元①。因病致贫、因病返贫问题得到了一定程度的缓解。2017年贫困家庭个人负担的医疗费用的负担比例下降到20%左右②。

（3）管理服务创新。在医保领域引入商业保险机构参与，实现社保与商保的合作，是对医保公共管理服务的一种探索与创新。政府大力支持商业保险机构承办大病保险制度，通过免征营业税、保险业务监管费、保险保障金等方式推动管理服务模式的创新。从经办公司来看，2013年保监会的《关于保险总公司大病保险经营资质名单的公示》显示，17家人身险总公司、17家财产险总公司获准经营承办大病保险。截至2013年8月，共有9家保险公司在全国20个省94个统筹地区开展了大病保险，覆盖城乡居民共2.3亿人，保费收入共50亿元，累计补偿6.3亿元。从各公司来看，2013年人保集团在广东、江苏、山东、湖北、重庆等22个省（区、市）、95个地市中标大病保险项目超过80个，约1.7亿居民享有大病保险服务，总保费超过30亿元。在辽宁、吉林等地区中国人寿共中标了76个城乡居民大病保险项目，保险业务收入共25.14亿元。2013年上半年，5个省市8个地区的大病保险项目由中国太平洋保险公司承办，服务300万人。截至2014年上半

---

① 我国大病保险惠及10.5亿城乡居民［EB/OL］. http：//www.xinhuanet.com/health/2016-10/20/c_1119755178.htm，2016-10-20.
② 李斌. 2017年贫困家庭个人医疗负担比例降至20%［EB/OL］. http：//www.topics.caixin.com/2018-03-09/101219273.html，2018-03-09.

年，平安养老已在9省参与大病保险服务，覆盖人数超过3000万[①]。2014年第三季度，共有13家保险公司在全国27个省（区、市）373个统筹地区开展了大病保险[②]。2016年底人社部社会保险事务管理中心对全国城乡居民大病保险经办情况调查结果显示，2015年89.96%的统筹地区将城乡居民大病保险业务委托商业保险公司承办，2016年商业保险公司承办比例为91.01%。覆盖人口共9.2亿，占大病保险总覆盖人群的87.6%。在不同的商业保险公司承办中，中国人民财产保险公司和中国人寿股份有限公司占据了90%的业务，而其他保险公司只在个别或几个地区承办大病保险业务。2015年，保险公司承办大病保险的保费收入和受托管理基金总量为258.4亿元，用于赔付支出的为246.85亿元，赔付的比例达到了95%左右。具体来看，向商业保险公司投保的大病保险费为人均28元，人均报销为7138元，最高报销个案达到111.6万元。据统计，2016年前三季度的大病保险总收入为271.68亿元，赔付金额已经超过80亿元[③]。由此可见，商业保险机构在大病保障方面发挥了重要功能的同时也扩大了其自身的影响力。目前，全国范围内有90%左右的统筹地区选择由商业保险机构承办大病保险。商业保险的参与为大病保险的发展注入了

[①] 宋占军.城乡居民大病保险运行评析[J].保险研究，2014(10):98-107.
[②] 明年大病保险工作全面推开[EB/OL]. http://www.epaper.legaldaily.com.cn/fzrb/content/20141211/Articel06006GN.htm，2014-12-11.
[③] 国新办就城乡居民大病保险创新发展有关情况举行发布会[EB/OL]. http://www.gov.cn/xinwen/2016-10/19/content_5121874.htm，2016-10-19.

新活力，拓展了大病保险发展的空间，在商业保险机构发挥优势的同时，一定程度上也减轻了政府的负担。

（4）政府投入与监管力度加大。覆盖范围的扩大与保障效果的改善离不开政府逐步加大的投入力度，2012年颁布的《指导意见》中指出，大病保险所需资金从城乡居民基本医疗保险基金中直接划拨，由此决定了大病保险资金的来源。为满足大病保险制度的发展需求，国家不断提高城乡居民基本医保人均财政补助标准，2015年额外增加20元用于推动大病保险全面实施，在此基础上，2016年又增加了10元用于增强大病保险的保障功能。在2019年政府工作报告中提出"继续提高城乡居民基本医保和大病保险保障水平，居民医保人均财政补助标准增加30元，一半用于大病保险"。随着政府投入力度的加大，大病保险制度的保障效果也将得到质的提升。然而，随着资金投入的不断增加，资金的监管与有效利用成为影响大病保险制度有效运行的关键要素。费用监管是大病保险制度良好运行的保障之一。在2015年审核的保险公司承办的大病保险项目中，发现问题案件为43.67万件，拒付不当医疗费用为22.67亿元[1]，一定程度上遏制了不良行为的产生，有效维护了医保基金的安全。与此同时，大病保险引入了风险共担机制，保险机构通过建立"住院代表""住院巡查""病历专家审查"等监管制度，对不正当医疗行为和支出进行严格控

---

[1] 国新办就城乡居民大病保险创新发展有关情况举行发布会［EB/OL］. http://www.gov.cn/xinwen/2016-10/19/content_ 5121874. htm, 2016-10-19.

制。从地方提供的数据来看，2008年以来，福建省厦门市大病保险项目直接扣除不合理医疗费用达到900余万元，通过平安养老保险公司建立的全国网络平台对2010年到2012年850例异地就医人员进行审查发现存在严重的不良行为，使用假发票、假清单现象较为普遍，涉及金额50多万元[①]。江苏省太仓市，保险公司不仅建立了一支驻院代表队伍，还建立了可疑病例审核的专家组。人保健康运用"病前健康管理、病中诊疗监控、病后赔付核查"三位一体的风险管理技术对医疗机构的诊疗行为进行实时监控，既满足了群众的健康管理需求，也实现了对费用的有效监控[②]。因此，不断增加的政府投入为大病保险的发展提供了资金支持，资金监管的加强进一步提升了资金的使用效率，二者相互补充共同为大病保险的发展提供了必不可少的条件。

（5）群众就医体验提高。大病保险制度以回应大病患者的就医需求为出发点，在提供资金支持的同时，也需要给予患者更多的方便与人文关怀，提升百姓的获得感。2015年保险公司承办的大病保险项目中有86.37万人转外就医，涉及异地结算金额为73.1亿元[③]。由此可见，异地就医政策促使群众对大病保险服务产生了更多的需求，如何解决结算的难题直接影响了大病保险的

---

① 厦门大病保险模式日臻成熟 [EB/OL]. https：//www.jin.baidu.com/article/1148997.html, 2012-09-05.
② 宋占军. 城乡居民大病保险运行评析 [J]. 保险研究, 2014 (10)：98-107.
③ 国新办就城乡居民大病保险创新发展有关情况举行发布会 [EB/OL]. http://www.gov.cn/xinwen/2016-10/19/content_ 5121874.htm, 2016-10-19.

实施效果与群众的满意度。为此，大病保险一站式结算服务的推出迎合了群众的报销需求，减轻了群众的额外负担，极大地改善了群众的就医体验。2016年数据显示，在保险公司承办的所有大病保险项目中，414个项目已经实现了一站式结算服务，80个项目实现了异地结算。快捷、便利的结算服务切实增强了群众的获得感。此外，一些地区探索创新了大病保险的其他惠民服务，如远程诊疗、家庭医生等额外的增值服务。江苏太仓人保健康通过与异地医院建立联系，为异地就医患者预付医疗费用，并根据转诊规律与医院进行谈判，初步实现了异地就诊患者费用补偿从后付制向预付制的转变，免除了大病患者的后顾之忧。宁夏早在2015年就实现了经办网点全覆盖，两家保险公司在自治区、五市和各县（区）人民医院，各市（县）保险公司内部设置了理赔服务点，向各市医保中心派驻大病保险服务办公室人员[1]。所有窗口和网点均能完成跨地区补偿案件受理，参保人员可就近选择服务网点提交大病保险报付申请，极大地方便了群众的报销。大病保险群众"零跑腿"服务是禹城市人社局和人保财险公司德州分公司推进"一次办好"改革的举措。由居民医保处每月汇总名单，复印相关资料并直接报送到政务服务中心大病保险窗口，参保人员无须出门即可领到报销款，真正实现了"零跑腿"，减轻了大病患者的额外负担，在政策实施的第一个月累计为57人次拨

---

[1] 张博，咸胜玉，王永超，等. 宁夏大病保险实践的启示 [J]. 中国医疗保险，2015（11）：37-39.

付大病保险报销款，共12.6万元①。各地区不断探索惠民服务体现了政府以人为本的理念，有利于服务型政府的构建。总之，服务质量的优化不仅改善了群众的就医体验，而且提高了群众的满意度，从而提升了大病保险的实施效果。

2. 大病保险运行中存在的问题

大病保险虽然自实施以来对于因病致贫、因病返贫问题起到了较为明显的缓解作用，但是由于制度实施时间不长，各地区仍处于探索与各自为政的阶段，一些问题亟待改善。其一，在制度设计方面，需要进一步完善，大病保险制度定位的不清晰直接影响了制度的内容设计与实际运行，抑制了制度的效应。其二，大病保险制度由商业保险机构承办，虽然创新了管理服务方式，但是外在环境的限制、经验不足等使商业保险机构的优势不能有效发挥，在实施过程中各种缺陷逐渐凸显。其三，资金问题仍是困扰大病保险制度运行的重要因素。资金的筹集与运营直接影响了制度的可持续发展。此外，统筹层次低也降低了大病保险基金风险分担的能力。

（1）政策设计亟待完善。大病保险的政策设计影响了制度的实施效果，各项内容与制度目标相匹配是政策有效实施的基本要

---

① 禹城市大病保险报销让群众"零跑腿"［EB/OL］. http://www.dezhou-daily.com/p/1415919.html, 2018-09-04.

求。但是从目前情况来看，大病的衡量、管理主体、基金来源、报销范围与水平、起付线、封顶线等方面的设计都与目标存在一定冲突。随着外部环境的变迁，大病保障需求的增加，目前的制度设计资金将无法满足现实需求，制度的可持续性受到严峻挑战。

首先是大病衡量标准与制度目标存在冲突。大病保险制度的目标在于防止家庭发生灾难性医疗支出，但是在实际运行过程中将个人作为保障单位。我国采用世界卫生组织提出的灾难性卫生服务支出指标，并对我国的灾难性卫生支出进行了换算。2012年的《指导意见》规定以个人年度累计负担的合规医疗费用超过当地统计部门公布的上一年度城镇居民年人均可支配收入、农村居民年人均纯收入为判定标准，具体金额由地方政府确定。然而我国现行的这种标准将个人作为测算单位，意味着当个人医疗支出额低（没达到统筹基金支付封顶线），但是整个家庭成员（假如多个成员同时患病且均未达到封顶线）医疗支出总额较高时无法获得大病保险的保障。此外，我国以社会平均收入作为测算基础，在这种情况下，中低收入家庭按照社会平均水平执行大病保障标准显然是不合理的，处于贫困边缘的非贫困户成为更加弱势的群体。因而这种制度设计会使家庭灾难性医疗支出已经发生却得不到应有保障的现象大量出现。

其次是基金来源与管理主体相冲突。制度的设计需要与人民群众对健康医疗的需求相适应、与经济社会发展水平相适应、与基本医保基金的水平相适应。大病保险制度是以城乡居民医疗保险为基础进行的延伸和拓展,但是也有学者认为大病保险制度应该作为独立的险种而成为社会医疗保险的补充。2012年的《指导意见》中规定,大病保险基金主要来源于城乡居民基本医疗保险的划拨,理应成为基本医保的一部分,然而如果将其作为基本医保的一部分,该制度本身与基本医疗保险并未产生实质性的差别,大病保险的应有功能是否能够得到有效发挥值得深思。与此同时,大病保险的制度兼具基本社会保险和补充保险的特征,使其在运行过程中产生了较多障碍。商业保险机构承办与基金来源于基本医疗保险基金形成了冲突,商业保险机构追求自身盈利的本质属性被抑制,可能会对商业保险机构的行为形成扭曲,在承办社会保险的过程中难以符合大众的需求。筹资方式以基本医保基金划拨为主缺乏长效性。随着人口老龄化、疾病谱的演变等,基本医保基金必将面临巨大的压力。

再次是报销范围与报销比例的设计违背了政策设计初衷。报销范围直接影响了大病患者得到的保障,目前我国各地区的报销范围主要分为两种:第一种是建立了本地区独立的大病保险目录。其中部分地区通过列出准入或者不予支付的项目明确范围,如宁夏制定了《宁夏回族自治区城乡居民大病保险不予报销的项目》;也有地区在基本医保目录的基础上进行了扩充,如山东除执行基本医保目录外,纳入了单独补偿范围的大病特药。第二种是仍参照基本医疗保险政策范围,如《辽宁省城乡居民大病保险实施方案的通知》(辽政办发〔2015〕103号)中指出,"大病保险的支付范围为合规医疗费用，原则上与现行城乡居民基本医保支付范围一致"。广东等地区也采用的是基本医保目录。该方式可能会造成一部分大病患者在基本医保目录不能报销的费用在大病保险中依然得不到报销，限制了大病保险的保障水平。

复次是大病保险制度的目的与现实有所错位。大病保险是为了缓解因病致贫、因病返贫，但从实际操作来看，我国大病保险报销比例主要为累进、固定比例和二次报销。因此，一些地区将大病保险的定位归于对住院费用的二次报销，如洛阳等地区。从某种意义上来讲，大病保险的实施已经违背了对于大额医疗费用进行报销的初衷，而成为对住院费用的报销。住院患者与大病患者无法进行区分，这种普惠型的设计与大病保险设计初衷不相吻合且进一步增加了大病保险基金的负担，同时道德风险问题更加突出，很可能出现"小病大养"的不良现象，对资源造成严重的浪费。

又次是起付线的设计使非贫困户的贫困群体无法享受应有的保障。在多数地区大病保障支付标准均以上一年度人均可支配收入为参考，如江苏南京起付标准以本市上一年度居民年人均可支配收入50%左右设置（现暂定为2万元）[1]。黑龙江黑河2015年城镇居民大病医疗保险起付线标准暂定为1.2万元（以2014年全

---

[1] 市政府办公厅关于印发开展城镇职工和居民大病保险工作实施意见的通知［EB/OL］. http：//www.nanjing.gov.cn/zdgk/201409/t20140930_1056493.html, 2014-09-12.

市城镇居民年人均可支配收入60%为标准)①。但是总体来看，由于大病界定以产生高额合规费用为准，对于大病患者尤其是处于贫困边缘的群体而言起付线的设置仍旧偏高，同时，由于针对城乡居民实施统一的起付标准，农村居民在这种设置下处于弱势地位，很可能会由于过高的起付线被排除在保障范围之外。

最后是封顶线的存在限制了制度的保障效果。目前我国实施的605个大病保险项目中有近一半没有封顶线②，如江苏太仓、浙江杭州等，但是剩余地区设置了严格的封顶线，如湖南封顶线为20万元③、厦门为40万元④等。大病所产生的医疗费用是十分高昂的，封顶线的设置无疑不利于大病保险制度发挥作用。面对大病患者较高的保障需求，如果设置封顶线，则缓解因病致贫、因病返贫的效果会被削弱；然而无封顶线的设置又会给制度运行带来一定的基金压力。从制度发展方向来看，取消封顶线是一种趋势。因此，如何平衡保障目标与资金的关系，让制度效果得以更好发挥是制度设计时需要考虑的重要因素。

---

① 黑河市人民政府办公室关于印发《黑河市城镇居民大病保险实施办法》的通知 [EB/OL]. http：//www.pkulaw.cn/（S（21ctss45i13hjxjvmt44tijw））/fulltext_form.aspx? Db = lar&Gid = 0f117df96f84625023e0b91e14e34c417bdfb&keyword = &Encoding-Name = &Search_ Mode = accurate&Search_ IsTitle = 0，2015-10-10.

② 国新办就城乡居民大病保险创新发展有关情况举行发布会 [EB/OL]. http：//www.gov.cn/xinwen/2016-10/19/content_ 5121874.htm，2016-10-19.

③ 湖南省人民政府办公厅关于印发《湖南省城乡居民大病保险实施方案》的通知 [EB/OL]. http：//www.hunan.gov.cn/xxgk/wjk/szfbgt/201510/t20151030_ 4825479.html，2015-10-29.

④ 厦门市人民政府关于印发大病医疗保险办法的通知 [EB/OL]. http：//www.siming.gov.cn/xxgk/xwgg/szfxx/201801/t20180118_ 210589.htm，2018-01-11.

（2）商保机构承办效果堪忧。大病保险由商业保险机构承办主要考虑其具备的专业化优势，通过引入市场化机制提升社会保险机构经办服务能力，加强监管力量。然而实践中，大病保险的运行现状与制度设计初衷产生了一定程度上的背离。商业保险机构只是扮演了"出纳员"的角色，失去了对大病费用进行精算、医疗行为监督、风险管理的机会和动力，自身优势未能得到发挥，此外，竞争机制的不充分也影响了大病保险制度的运行效果。

首先是商保机构的专业优势受限。商业保险机构具备明显的专业精算优势，但是在各地区大病保险实施方案中，筹资标准及补偿比例往往是被直接规定的，这使大病保险的优势难以获得发挥的空间。在现阶段明确规定了大病保险由商业保险机构承办的期限（一个经办合同期），通常为3~5年，较短时间的运营期限使商业保险机构获得的数据信息有限，并且基于数据信息的保密性要求，政府也不会把所有数据分享给商业保险机构。因此，这些商业保险机构承办主体虽然进入了大病保险领域，但是政策设计与外部环境使其难以发挥自身优势，自由决策权受到束缚。能够实现商保与医保经办信息系统共享的地区很少，较少的资源获取使商业保险机构承办大病保险制度的动力不足。商业保险机构在进入大病保险之初的动力之一在于，能够获取国民的健康信息，进而为自身开发健康险产品打下基础。目前，这种被动跟随医保承担"出纳"的做法也挫伤了商保机构承办大病保险的积极性。

其次是商保机构控费不力。有效控制医疗费用,加强监管是政府引入商业保险机构的目标之一,但是从各地实际情况来看,商业保险机构在许多地区对于过度医疗行为未能形成有效遏制,无法对医疗报销行为实施全程严格的监控。由于医保部门的支持力度不够、医疗机构的不配合等,信息共享难以实现,从而加大了监管的难度。2012年的《指导意见》提出支持商业健康保险信息系统与基本医保、医疗机构信息系统进行必要的信息共享,但是未明确主体责任,对三方的约束性不强。此外,由于商业保险机构自身缺乏经验,对大病保险经营规律缺乏认知,加之基础数据的缺乏,一些商业保险机构难以建立与承办大病保险相适应的专业人才团队,监管工作开展存在困难。因此,商业保险机构控费效果不理想既是大病保险政策设计的缺陷,也与其自身经验和能力欠缺有关。

再次是社保与商保机构风险分担机制不健全。大病保险通过引入市场力量进一步化解个人所面临的因病致贫、因病返贫风险,然而在实践过程中,这种风险的分担逐步演化为政府与保险公司之间的博弈。2012年的《指导意见》和2015年的《意见》均指出"要形成政府、个人和保险机构共同分担的大病风险机制",但很多地区采取的是由商业保险机构独自承担运营风险的管理办法。例如,广东深圳重特大疾病医疗保险独立于基本医疗保险之外,自愿参保,实行完全市场化运作,因而没有托底资金和费用分担机制。资金筹集后,完全由保险公司运作,如果产生损失，保险公司需要自己承担；如果盈利，保险公司最多可以拿到参保资金的5%作为运行成本和利润。由此可能造成对商业保险机构激励不足，在实际操作过程中，其由于受到各方面的限制很容易陷入亏损，难以实现保本微利。也有一些地区采取由政府承担全部风险的方式，如在江阴模式和新乡模式中，商业保险机构与政府通过签订"委托管理协议"，明确双方责任。保险公司提供专业服务，收取固定的服务费用，不提供任何风险保障；对医保基金的运营盈亏不承担责任，只收取委托管理费，不承担基金风险。而这种方式难以使商业保险机构发挥应有的作用。还有部分地区选择了由社会保险机构与商业保险机构各自承担亏损的50%，如太仓、湛江等地。事实上，大病保险基金盈亏是由基金总额和参保居民患病情况、报销比例等多种因素共同决定的。硬性规定商业保险机构的经济责任存在一定不合理性，尤其是商业保险机构在大病保险承办运营过程中往往处于弱势地位，其缺少发言权与实际自由决策能力，却要承担风险，权责不对等的现状难以推动制度的良好运行。

最后是大病保险市场缺乏有效竞争。充分的市场竞争是保证市场机制发挥有效作用的关键因素，但从现实情况来看，保险机构之间的竞争主要是经办价格竞争，招投标的焦点不再是大病保险的筹资水平和保险责任，而是费用率（佣金）。真正体现市场效率的医疗风险管控和医疗服务提供领域明显缺乏竞争，这将极大地削弱市场力量在大病保险运行中发挥的作用。一方面，社会保险机构作为唯一的大病保险基金服务外包的委托方,在谈判中处于垄断的优势地位,医保部门会尽力压低价格,而这种垄断的低价主要是大病保险较低的筹资水平所导致的。另一方面,承办大病保险的商业保险公司也存在垄断现象,以出价低确保得到经办大病保险的业务。而通过压低价格获取承办机会加剧了商业保险机构在大病保险承办过程中面临的财务亏损压力。目前有多家商业保险公司承办大病保险业务,但都主要集中在中国人保和中国人寿两家国企手中。出价较高的保险公司难以进入大病保险市场,而拥有一定实力的保险公司通过垄断低价获得承办大病保险业务的机会,由于其目的与大病保险制度的目标不一致,因而没有动力发挥其在精算、费用监管等方面的优势。以宁夏为例,该地区仅有2家具备资质的商保机构,共有468.6万参保居民,其中4个地级市的373.4万参保居民大病保险由中国人保财险宁夏分公司承办;中国人寿宁夏分公司仅承办银川市95.2万参保居民的大病保险[1],由于参保人数少,基金盘子小,抗风险能力较差,当年大病保险基金入不敷出,且报销周期比其他地区长。这种竞争的不充分直接导致了大病保险制度运行的低效率。

此外,在商业保险机构承办大病保险业务过程中也面临着许多细节性的问题,例如安徽六安在大病保险实施过程中,商业保险以理赔案件形式进行赔付,周期一般为2个月,为保证医疗机

---

[1] 张博,咸胜玉,王永超,等.宁夏大病保险实践的启示[J].中国医疗保险,2015(11):37-39.

构能及时结算,需要医保基金予以先行垫付。与之类似,2014年延安商业保险机构垫付资金超过了2000万元①。可见,商保经办大病保险确实存在能力不足问题。在调用参保人员信息方面,商保公司为了进一步完善经办业务信息系统功能,提升工作效率,需要调用参保人员就医信息,而这本身与《社会保险法》"社会保险经办机构及其工作人员,应当依法为用人单位和个人的信息保密,不得以任何形式泄露"的规定相悖,从而阻碍了业务的顺利开展。因此,如何高效运用已有信息并保障参保人员的信息安全是在具体实施过程中需要明确的内容。

(3) 基金压力亟待缓解。大病保险基金收不抵支给制度的运行带来了空前压力,使制度的可持续运行受到了严峻挑战。2013年,中国人寿承办的大病保险业务共亏损2.47亿元②。从各地区的实践情况来看,四川遂宁于2013年10月主动开展城乡居民大病保险试点。大病保险在有效减轻了城乡居民大病医疗费用负担的同时也出现了严重亏损。2014年共筹资6293.2万元,共赔付10275万元,亏损3981.8万元③。2015年,宁夏大病保险实行市级统筹,全区有4个统筹地区出现超支,1个统筹地区略有

---

① 程耀全. 城乡居民大病保险及其社商合作运行机制分析——以安徽省六安市为例 [J]. 中国医疗保险, 2014 (9): 36-38.
② 宋占军. 城乡居民大病保险运行评析 [J]. 保险研究, 2014 (10): 98-107.
③ 曾乔林, 高小莉, 袁一菡, 等. 城乡居民大病保险教训分析——以遂宁市为例 [J]. 中国医疗保险, 2016 (6): 31-34.

结余①。陕西的保险公司承办大病保险难以实现保本微利,费用及利润率的规定低于合理水平,在陕西各地市的大病保险合同中约定的费用及利润率为2%~4%。陕西延安作为陕西省内人口最少(约为180万人)的地区,2013年基本医保基金共透支2亿元,2014年合同约定年度费用和利润率是2.67%,即144万元,全年的人力成本约140万元,直接运行成本为90万元,保障基金为43.2万元,共280多万元,远超出合同规定的数目,基金亏损成为必然②。2013—2015年陕西西安城镇居民大病保险基金总支出增长率已超过300%,居高不下的费用支出加剧了基金透支的风险。2013年西安城镇居民大病保险基金结余率为54.43%,2014年降低到21.93%,但截至2015年12月底,全年结报工作刚进行1/3,基金结余就仅剩1%。2013年新农合大病收支平衡基本实现,结余率为0.52%,而2014年净透支共计3211.59万元③。

资金筹集渠道与标准是影响大病保险制度发展的关键因素。资金筹集渠道窄、筹资标准低导致制度运行中资金紧张,大病保险基金承受巨大压力。一方面,资金筹集渠道单一,没有形成独立的筹资渠道,而是主要依托基本医疗保险基金,这使筹资的水平和规模受到了严重制约。另一方面,大病医保筹资水平偏

---

① 王永超. 宁夏城乡居民大病保险运行分析[J]. 中国医疗保险, 2016 (6): 35-38.
② 刘洋. 城乡居民大病保险问题与对策研究——以陕西省为例[J]. 西安交通大学学报(社会科学版), 2016, 36 (6): 75-78.
③ 魏哲铭, 贺伟. 城乡居民大病保险制度实施困境与对策——以西安市为例[J]. 西北大学学报(哲学社会科学版), 2017, 47 (4): 107-113.

低，保障效果不明显。国务院医改办在大病保险制度设计之初测算得出，平均每人每年需要从医保基金拿出40元保障大病①，但是按固定金额筹资的地区并未达到该水平，如广西2015年的筹资标准不得高于35元②、宁夏2016年为32元③、安徽2018年规定筹资标准为30元左右④等。如果按照2012年基本医保年筹资300元的标准，则大病医保筹资的人均40元占城乡居民基本医保年人均筹资的比例应该在13%左右⑤。在按比例筹资的地区往往不会达到该标准，例如，山西规定筹资标准原则上不低于城乡居民基本医保筹资标准的5%、不高于10%⑥；上海规定筹资标准定为当年城乡居民医保基金筹资总额的2%⑦左右；河南规定大病保险筹资标准按全省城乡居民基本医疗保险当年总筹资额的6%左

---

① 吴海波．大病保险筹资动态调节机制研究［J］．金融与经济，2014（5）：14，85-88．

② 广西壮族自治区人民政府办公厅转发自治区发展改革委等部门关于广西城乡居民大病保险工作实施方案的通知（桂政办发〔2015〕11号）［EB/OL］．http：//www.fun.gxzf.gov.cn/php/index.php？c=file&a=detail&siteid=1&id=438893，2015-02-07．

③ 宁夏关于进一步完善城乡居民大病保险制度的实施意见［EB/OL］．http：//www.shebaodan.com/xinwen/426319.html，2016-01-01．

④ 关于印发《安徽省新农合大病保险指导方案（2016版）》的通知［EB/OL］．http：//www.ahwjw.gov.cn/xxgk_detail_1377.html，2016-09-26．

⑤ 贾洪波．大病保险与基本医保关系之辨：分立还是归并？［J］．山东社会科学，2017（4）：70-75．

⑥ 山西省人民政府办公厅关于全面实施城乡居民大病保险的实施意见［EB/OL］．http：//www.shanxi.circ.gov.cn/web/site31/tab7799/info4032665.htm，2016-06-16．

⑦ 上海市人民政府办公厅关于印发《上海市城乡居民大病保险办法》的通知［EB/OL］．http：//www.shanghai.gov.cn/nw2/nw2314/nw2319/nw41149/u83aw68.html，2016-12-23．

右确定①。大部分地区距离占城乡居民基本医保年人均筹资比例应该在13%左右的标准还有较大差距。筹资金额不足必然会导致保障能力相对不足。2015年，湖南郴州大病保险居民人均医疗费用达31808元/人次，剔除统筹基金和大病保险报销共16834元/人次，个人自付绝对金额仍有14974元/人次②，可见居民的实际医疗负担仍偏重。较低的筹资标准限制了保障水平，大病患者的需求难以得到有效满足，使大病保险基金在承担较重压力的同时，降低了制度实施效果。

此外，大病保险的统筹层级低，风险化解能力弱也导致了医保基金承担较重压力。以保险项目（某一级行政单位为该区域内全部城乡居民购买一个大病保险）作为参考指标，2016年商业保险机构承办的大病保险项目共有605个，覆盖人群共9.2亿人。在605个项目中，省级统筹的项目13个，占2.1%；地市级统筹的项目共324个；县区级统筹的项目共268个，超过总数1/3的比例③。县级统筹的地区仍然大量存在，例如，江苏宿迁规定大病保险按照基本医疗保险预算责任区域分别独立核算。也有地区在积极倡导统筹层次的提升，增强基金的抗风险能力，如《广东

---

① 河南省人民政府办公厅关于印发河南省城乡居民大病保险实施办法（试行）的通知（豫政办〔2016〕217号）[EB/OL]. https://www.henan.gov.cn/2017/01-17/248573.html, 2016-12-24.
② 吕兴元，刘运良. 湖南城乡居民大病保险实施效果及思考——基于郴州市城乡居民大病保险试点[J]. 中国医疗保险，2016（3）：55-56，59.
③ 国新办就城乡居民大病保险创新发展有关情况举行发布会[EB/OL]. http://www.gov.cn/xinwen/2016-10/19/content_5121874.htm, 2016-10-19.

省开展城乡居民大病保险工作实施方案（试行）》规定："为提高抗风险能力，大病保险试点实行市级统筹，不宜进行县级统筹。"由于《指导意见》未规定大病保险制度最低统筹层级，过低的统筹层级可能导致大病保险基金入不敷出，影响基金的安全和稳定。根据大数法则，参加大病保险的人数越多也就意味着风险分散的能力越强。目前大部分地区的县、市级统筹削弱了大病保险基金抗风险能力，基金调剂余缺能力不足，同时也增加了运行成本，基金使用效率难以提升。

（二）典型地区调研情况

在对大病保险全国情况进行总体把握的基础上，为了深入了解大病保险制度在实践中的具体运行情况，课题组赴云南、贵州和内蒙古等地进行实地调研，具体包括大病保险减轻居民就医负担的实际成效以及制约因素，大病保险经办管理过程中的困难，深入发展大病保险的预期路径等内容。以下从大病保险对居民就医负担的减轻情况、大病保险经办管理、大病保险基金收支以及部分地区的特色实践等方面对调研情况进行整理分析。

1. 大病保险的实施与居民的就医负担

大病保险旨在解决居民大额医疗经济负担，在实践中也取得了显著的效果。但在起付线、封顶线、政策范围内报销等大病保险待遇享受条件的约束下，大病保险降低居民疾病的经济负担，缓解因病致贫、返贫的效果还比较有限。具体表现在以下三个方面：

（1）大病保险提高补偿比例。大病保险覆盖全体参保居民后，能够在一定程度上提高报销比例，从而减轻居民的就医负担。

"大病保险已经覆盖所有参加城乡居民基本医保的居民。居民医疗费用报销情况，报销比例也是分段的，比如起付线以上到多少钱是分段报销，总体下来可以报到50%多。我们去年综合算了一个数字，光是大病保险这一段，大概可以平均提高14%左右，就是在基本段的基础上能够提高14%左右。那么这样算起来，我们基本段大概就是50%多加上14%可以达到70%出头的样子。"①

（2）年度起付线与大病费用的累计负担。由于大病保险的起付线是以年度为单位进行计算，但大病费用支出对个人及家庭的影响却是长久性的，费用的支出具有累计的特征。因此，以年度

---

① 来自调研访谈材料。

起付线为依据设置的补偿政策，可能造成"应保未保"的情况。

"假如我是贫困户，我花 2000 元，就觉得花不少了，但是 2000 元还没达到大病支付的 1.2 万元的起付线，那么对我来说，这个起付线就太高了。我没法享受大病保险，你设计的是按费用来计算对不对。还有，假如我患有白血病，我第一年发病时处于急性期，花了 30 万元，走了大病保险。第二年我又不是急性期了，需要做放化疗，总共花不了 30 万元，我只花 7 万~8 万元，所以又走不了大病保险。但问题是我第一年把我家里的钱全部都花完了，到第二年、第三年我实际上已经赤贫了，却享受不了大病保险。"①

(3) 政策范围内的报销规定限制大病保险实际补偿能力。目前，大病保险在多数地区还是以基本医保的三个目录为补偿依据，即"政策范围内"。而在大病阶段，所使用的医疗服务、药品、耗材等往往又会超出三个目录，属于"政策范围外"的花费，这部分花费不能进入大病保险的补偿范围，但又恰恰更容易造成大额的医疗费用支出。因此，应更新诊疗目录，将大病保险的报销范围从目录内向目录外延伸，进而真正降低居民的疾病经济负担。

"50%多基本医保报销+14%大病医保报销确实能提高报销待

---

① 来自调研访谈材料。

遇，因为大病保险的合规费用还是没有突破三大目录，对于没有纳入范围内的用药，还是有一些不同的意见和声音，觉得个人负担偏重。因此诊疗目录亟待更新，在大病保险阶段，还是应该偏重目录范围外的。现有目录的项目太少了，根本不适应现在医学的发展，很多东西明明就要做，而且是国家发展改革委已经立下的这些项目，应该纳入医保目录。"①

2. 大病保险的经办管理

按照国家文件的规定，大病保险可以由商业保险公司承办，但由于保险公司的特殊性质、发展阶段等问题，在实践中商保经办大病保险，有其特殊的优势，但也存在一些亟须解决的问题。商业保险机构在坚持"保本微利"原则下承办大病保险，其成本、利润确定尚需进一步明确；商业保险机构与医疗保险经办机构的工作对接及经办流程需进一步优化；大病保险接续基本医疗保险的延伸审核、稽核等工作需予以规范；商业保险机构和医疗保险经办机构大病保险超支分担机制需深入研究，确保该机制的科学性、合理性。此外，社保机构在实际经办大病保险的过程中，也会面临人员、技术等方面的障碍。

（1）商业保险公司承办大病保险的具体方式。大病保险交由商业保险公司承办，一般包括直接给予保险公司管理费、从基金

---

① 来自调研访谈材料。

中提取一定比例作为管理费、基金全部投保盈亏再行分担等方式。

"贵州九个市州有两种不同的方式：一种是直接由财政拨付商保公司管理费，不从我们的基金里面获取盈利。另一种是先从协议中约定3%~5%的盈利，每年拿出基金划拨额的3%~5%作为运营费用。第二种方式是我们省的主流，第一种方式极为少数。

上饶的大病保险运营将总保费的8个点作为运营成本，亏损当年全部承担，来年调节，盈余通过考核进行再次分配。其中盈余的内容，一部分进入大病关爱基金，一部分经过考核返还保险公司，另外部分则是给保险公司进行异地协查、信息系统建设的补助以及用于各县医保系统的建设。"①

（2）商业保险公司的技术优势。商业保险公司因其在全国全省的经办网络以及在市场力量驱动下创新发展的专业经办人员和技术，在提高居民获取服务的效率、协助社保机构开展协查等方面具有独特的优势。

"委托商业保险公司承办有以下几个好处：第一，我们基金收支不平衡的风险相对来说转移了。第二，商业保险公司可以利用其在全国各地的网络和经办力量，减小经办人员的工作负担，提高工作效率。第三，目前我们的系统采用的是我们社保自己开发的云海系统。目前来说，省内互联互通基本实现，但是在

---

① 来自调研访谈材料。

省外互联互通做得不是很好。异地费用的征缴、核实，如果采用和商业保险公司合作的模式，可以帮你去核实这个费用以及信息的真假。"①

（3）商业保险公司与社保机构盈亏分担的困境。商业保险公司在承担运营大病保险时，一个不可忽视的问题就是盈亏分担，即亏损由谁承担、盈利应在多大范围内等。这一方面是因为商业保险公司市场利润驱动与大病保险公共服务供给之间的矛盾，另一方面也是由我国对社会保险经办的成本费用没有明确的规定、对商业保险公司的利润程度没有清晰的界定导致的。

"因为我们贵州是一个落后地区，在很多县这一级，很多保险公司是不设分公司的，在有些地方，一个县设立的分公司就一个人。最健全的就是人寿保险公司还有分支机构，别的地方都没有，管理公司怎么去开展工作呢？所以其为什么会流标就是这个原因。因为保险公司的性质是盈利的，我们贵州的保险业不发达，老百姓收入低，它根本派不了人，所以这是第一个不适应。第二个，它的经办能力也不适应。保险公司人才本身也不多，它的很多工作人员都是搞保险推销的，保险公司比我们还是差得多，像我们社保机构天天研究保险问题，包括我们与乡镇平台搞医保的人都很熟悉，保险公司业务也没有我们专业，只是一直鼓吹它的专业化、专业性比我们强，其实它没有那么强的力量，能

---

① 来自调研访谈材料。

力跟不上。第三个，我们省老百姓收入比较低，如果说不交钱给保险公司，那么我们手上的余钱更多，我拿出一部分钱给保险公司盈利，实际上相当于减少了我们这个基金池的总量，这个也不是很适合贵州的实际。现在我们这个农合也好，居民医保也好，其实遇到很大一个困难——在控制增长，你们的保费年年涨，我不能说老百姓怨声载道，至少这个意见是非常强烈的。这个功能定位也值得反思。我们当时搞大病保险的初衷是希望通过大病保险解决因病致贫、因病返贫的问题，但是其实这个功能在工作当中走样了，我们也发现保险公司接受这个业务的目的普遍是想盈利。保险公司把我们的钱圈去以后，由于各种原因，也许因为我们信息不对称，就把这个钱留在它那里了。你像我们黔南州，保险公司三年下来征缴的大病保险的资金就1000多万元，但是它就支出了将近300万元，这800万元的账就留在它们那个现金流里了，这个钱是没有用在老百姓身上的，至少大部分没用在老百姓身上，最后还不断地和我们要钱。

和商业保险公司合作，第一个问题，盈利率很难控制。国家虽然说提倡居民医保和商业保险公司合作，但是没有文件明确说明和商业保险公司盈利率要控制在多少。如果商业公司盈利率过高，对我们来说就是一个管理风险，国家文件中没有明确盈利率控制在多少合适。第二个问题就是商业保险公司经办意识也不到位。它们只是想争市场，如果你的人参加我的商业保险公司可以通过我的商业开发模式衍生出人身保险、健康保险，它是想去争这个市场，所以即便承办了你的大病保险，也只是简单的出纳会计。没有真正站在社保经办机构的角度帮你控费，帮你核实医疗费，和经办机构站在一起去指导医院的医疗行为，只起到出纳会计的作用，没有达到我们想要发挥的作用，所以我们六盘水选择不和它合作。招投标也很麻烦。因为涉及大额资金，要走很多程序。首先拿我们地州来说，要走局党组会，然后要走财政局，财政局同意后，还要去找公共资源交易服务中心，走完流程后还要制作标书，以及想要达到的目的，这个对我们地州的经办人员来说，不具备这个能力。

2016年开始，政府招标，平安和人保竞标，最后平安保险公司中标。当时按照我们的预算应该是34.78元/人，但最后竞标的时候，平安保险以20元/人中标，保险公司是亏的。"①

（4）参保人的信息安全。要使商业保险公司经办大病保险，就需要将参保人的相关信息交由商保公司管理，但这一管理权限的程度不好把握。例如，如果商保公司管理权较弱，则不利于提供精准化的经办服务；如果商保公司管理权较强，是否会造成参保人信息泄露或其是否会运用数据信息进行其他方面的盈利等问题。因此，如何在商保公司承办大病保险中把控参保人的信息安全也是经办过程中的一个重要问题。

"和商保公司进行数据的交换有潜在的风险，尽管协议里有

---

① 来自调研访谈材料。

约定，只能把数据用作大病保险基金的审计工作，不能用于其他用途，但是这个只是约定，没法监管，社保能做到对参保信息的保密，但是保险公司很难说，因为它们有商业利益。保险公司在报账的时候，利用了大病保险的数据和报销资源，进行保险产品的推销。保险公司在参保人员报销以后的待遇，及对医院有疑问的时候，只能来找社保局，不能直接接触参保人员。"①

（5）社保经办自身的困境。大病保险因其基金支出数量的增加，在实际经办中存在一些人员和技术不足的问题，尤其是在大额费用额监管方面。

"专业人员缺乏。目前我们经办机构医疗监管的工作任务尤其繁重，而且我们现在靠我们经办机构的现有的体制机制，是无法胜任这个工作的。由于医保经办机构是参公单位，编制卡得很紧，进人非常困难，医保经办队伍力量不足。医疗机构进人就没有问题，为了加强对医疗机构的监管，我们想从医院调入一些专业人员，但受到编制的限制，人也进不来。

可以探索政府购买医疗监管服务。大病保险基金管理不仅靠智能监管系统，还要靠人工审核，有经验的监管人员可能发现一些信息系统漏掉的问题。由于医保经办机构的人员不足，无法胜任这个工作，政府需要购买保险公司的医疗监管服务。"②

---

① 来自调研访谈材料。
② 同上。

3. 大病保险的基金可持续性

大病保险由于个人不缴费，主要从城乡居民医保基金结余中提取，而城乡居民医保基金结余本身就是不可控的因素，这一筹资方式使大病保险缺乏稳定的筹资来源。与此同时，随着医疗费用的上涨与保障范围的逐步扩大，大病保险基金的可持续性面临挑战。

"城乡居民大病保险个人不缴费问题。根据国家部署，2013年起云南省城乡居民大病保险个人不再缴费，从基本医疗保险中按人均20~40元提取大病保险基金。该项政策主要是为了减轻城乡居民负担，在基本医疗保障的基础上，对大病患者发生的高额医疗费用给予进一步保障的一项制度性安排，切实解决人民群众因病致贫、因病返贫问题。但在实际操作中，大病保险不再缴费，个人不再承担缴费义务，既影响了参保人控费的主观愿望，也不符合医疗保险"权利与义务"对等的原则；同时，大病保险费从基本医疗保险中按人均一定数额提取，费用的筹集与医疗实际费用发生存在脱节情况，费用筹集调整机制机动性差，部分统筹区发生了当期赤字。

基金收不抵支问题。到今年（2017年）我们就收支不平衡了，我们已经发现赤字有9万元，由于我们有前面两年的结余，可以拿来相抵。赤字是当期的。那么我们现在就在想，

2018年怎么办？因为我们还按照5%的比例不增加个人缴费，从中央财政补助和个人缴费这个基金池里面（从基本医疗的基金池里面）按5%比例提过来，按照目前发展趋势来看，明年是肯定不够用的。那么我只能提高个人缴费标准，从他现在每年交100元钱，涨到120元、涨到150元，到时候再看测算。

医保基金开源节流。医保也就是和钱打交道，我怎么去用得好就是开源节流，开源上想办法，节流上想办法。开源就是你这个参保人数基数是固定的，这么多年都是20来万人。那我只能提标。因为国家有政策，个人缴费180元/年，我也不能按国家政策涨了，我涨到180元，我的人全部不参保了，全部都参加新农合了。我只能说涨个大家能接受的吧，比方120元。比之前多20元钱对基金也有个好处，这是其一；其二是节流。节流我从三个方面考虑，第一个方面就是说对医疗机构的费用进行管制、进行整合，从2016年全省启动了智能审核，我们现在已经制定了九条规则，对医院来说没有起到我们当时想达到的最大的效果，但是也对医院有一定的政策作用，这是第一采用智能审核；第二个方面是我们准备采用补充保险，就是在这个大病之外的再补充保险。就是说采用商业保险公司合作的模式，比如说你自愿一年交10元钱，交5元钱，我将这个钱全部交给保险公司，在保险公司拿到这个钱以后我就跟它签协议。那么我的这个超过25万元封顶线之外的钱，你保险公司再给我兜一部分，用这种腾笼换鸟的方式来减轻我的基金支付压力，这是第二种方式；第三个方面就是说确实我们这个大病保险在基本医保基金15万元封顶线以上可以再报销10万元,还有下面1.2万元的自付部分(起付线)。我们也考虑调整一下,借着城乡居民医保整合的东风,我可以把我的标准略微调高一点,这样减少我的基金支出,因为我这个以收定支的原则是肯定不能违背的。"①

4. 大病保险实施中的其他典型做法

在大病保险的实施中,各地根据本地区的社会经济发展程度、医保基金的实际可支付能力等方面的因素,因地制宜地创新了一些具有特色的典型做法。

内蒙古自治区将靶向药物纳入城镇居民基本医疗保险可支付范围,以加强重特大疾病医疗保障机制建设,提高风险分担功能,切实减轻大病患者经济负担,解决重特大疾病因病致贫、因病返贫现象。这一措施区别于以往大病保险与基本医保一致的报销目录,关注大病支出的重点领域(靶向药),有助于提高医疗保障的精准性,实质性减轻居民的就医负担。

"2014年内蒙古自治区人民政府提出在扶贫工作中,医保扶贫是重要组成部分,并要求医保工作有所作为。内蒙古医保研究会受人社厅委托,于2014年4月17日启动了恶性肿瘤靶向药物

---

① 来自调研访谈材料。

纳入医疗保险可支付范围课题研究。通过数据采集、分析、调研，结合内蒙古地区恶性肿瘤发病率高、危及生命的重特大疾病导致的因病致贫、因病返贫现象严重的实际情况，确定了8种恶性肿瘤疾病，12个靶向药物列入医保可支付范围（数据分析中符合8种恶性肿瘤患者共4582人，其中城镇职工共2154人，城镇居民共2428人，换句话说，此项政策出台将有4582人受益）。2014年12月18日内蒙古自治区人社厅印发了《关于恶性肿瘤靶向药物纳入城镇基本医疗保险可支付范围的通知》（内人社办发〔2014〕348号），并在全区统一实施。医保局为保证恶性肿瘤使用靶向药物患者的就医供药服务、完善报销规程和结算办法，于2015年5月27日下发了《关于内蒙古自治区本级参保人员进行恶性肿瘤靶向药物就医管理和费用结算的通知》（内医保字〔2015〕12号），以保障参保患者使用靶向药物的医疗服务费用的及时结算。这项政策在全区范围内执行统一政策、统一价格、统一结算方式、统一配送方式的"四个统一"。

提供定点服务，方便患者供药。为了政策能在全区范围统一执行，内蒙古与供药企业签订了服务协议，要求靶向药物供应企业改进和完善药品配送流程，增加网点，建立更加完善的供应配送网络。目前，各盟市均设立了至少一个供应网点，基本上形成了覆盖全区配送网点。在审批方面，凡是治疗恶性肿瘤使用靶向药物符合348号文件规定的适应症，必须经过医保经办机构审核审批方可纳入医保基金支付范围。在开展恶性肿瘤靶向药物使用制度实施前，为了确保审核审批制度的顺利实施，自治区医保局组织临床专家认真解读348号和12号文件，制定了内蒙古自治区本级参保人员恶性肿瘤靶向药物治疗审批表，并规范了审批程序。

不断完善政策，惠利于民。随着医疗科技的进步，新的靶向药物的临床应用获得成功，2016年下半年又将治疗白血病的二代靶向药物施达赛纳入医保支付范围，让参保患者享受更先进、更好的药物治疗；同时，多家药企随着医改制度发展，降低药品价格，提高慈善援助待遇。医保局于2017年2月下发了《关于调整2017年度恶性肿瘤靶向药物价格的通知》（内医保办字〔2017〕6号），进一步规范了药品价格和慈善援助方式，减轻了个人负担。

制度效果。此项制度运行两年，受益人数近2000人。2016年全区符合靶向药物使用的人数为1763人，购药金额为12684万元，医保基金支付（包括统筹基金和商业保险支付）8164万元，支付比例为65%。本级使用靶向药物患者的年平均费用8.16万元，医保基金支付人均5.5万元，有效减少家庭因病致贫、因病返贫现象，让参保人"有钱治病，敢于治病"，最大限度延续了生命，提高了生活质量。"①

---

① 来自调研访谈材料。

（三）大病保险实证评估

通过对大病保险全国运行状况和典型地区调研情况的研究，大致了解了大病保险发展的成就、特点及问题，接下来本部分进一步针对特定地区对大病保险的运行状况进行实证评估①。

A省贫困地区和贫困人口较多，个体因病致贫较为普遍，尤其对于信息和交通闭塞的山区而言，居民人均收入较低，患病后往往难以支付医疗费用，进而极易导致因病致贫、因病返贫现象。因此A省大病保险试点工作启动相对较早，发展时间相对较长，近年来其大病保险制度发展相对完善。其中，A省n市、x市自2013年开始启动城镇居民大病保险试点，g市自2014年开始启动城镇居民大病保险试点，a市、l市、t市自2015年开始启动城镇居民大病保险试点，z市自2016年开始启动城镇居民大病保险试点，试点启动后各地区相继不断地提高大病保险参保覆盖面，同时消除户籍等原因造成的参保障碍，将进城务工人员、省内的流动人员、居住在城镇的非本地户籍人员等纳入城镇居民大病保险扩面范围。

2015年A省出台《关于进一步做好城镇（乡）居民基本医

---

① 出于对调研地区的保密义务，我们以下使用地区名称时以字母代替。调研省份为A省，由g市、z市、a市、l市、t市、n市和x市7个地区组成。

疗保险有关工作的通知》，为了保障城镇居民大病保险制度的可持续发展，适度提高了城镇居民大病保险筹资标准，实行市级统筹，筹资基金从城镇居民医疗保险基金中划拨，全省城镇居民大病保险人均筹资标准定为21元，2016年提高至30元左右。与此同时，A省适度提高了大病保险待遇水平，对于城镇居民基本医疗保险制度报销后，超过大病保险起步标准且符合大病保险目录范围内的个体自付医疗费用，由大病保险进行二次报销，A省各地区大病保险起付标准在5000~15000元，实行分段报销流程，城镇居民大病保险最高支付额度在10万~50万元，其中t市、n市、x市已取消大病保险报销封顶线，此外，t市对于医疗费用超过10万元的个体允许突破大病保险目录限制。城镇居民大病保险工作模式方面，A省结合实际情况相对灵活实施，可通过招标方式交由商业保险公司承办，以充分发挥市场作用，提高结算效率，也可由社会保障经办机构自行承办，实现了基本医疗保险和大病保险"一站式"即时结算，既有效地降低了城镇居民大病保险运行管理成本，又解决了医疗费用报销流程烦琐的问题。截至2016年，城镇居民大病保险基金支出同比2015年增长35.4%，覆盖人数同比增长30%，基本医疗保险和大病保险总报销比例达75%左右。下面从基金运行状况、住院人员医疗费用使用状况、大病保险补偿受益状况三方面对A省城镇居民大病保险的实际运行进行分析[①]。

---

① 分析数据来源于A省人社厅。

1. 基金运行状况

表5-1显示了2013—2017年A省各地区城镇居民大病保险基金运行状况，各地区基金的收支结余存在一定的差异。其中，g市、t市和x市城镇居民大病保险基金收入大于支出，整体运行状况较好；z市城镇居民大病保险基金收不抵支，当期结余为负，基金运行存在缺口；a市于2017年存在当期收不抵支现象；l市、n市均于2016年、2017年两年间存在当期收不抵支现象。

造成地区间基金运行状况不平衡的主要原因有两方面：一是大病保险参保人数的差异。城镇居民大病保险覆盖范围的扩大有利于充分发挥保险的大数法则原理和风险分担机制，g市、x市城镇居民大病保险覆盖人群较多，基金收入相对较多，而z市、l市和n市城镇居民大病保险覆盖面还有待进一步的扩充，其基金收入相对较少。二是各地区间居民疾病发生率存在一定的差异。如g市和x市自然环境以及社会经济条件较好，基础设施建设相对较为完善，居民疾病发生率尤其是大病发生率相对其他地区较低，进而导致大病保险基金支出增长率相对较低，而z市、l市和n市多为山区，海拔相对较高，经济发展水平相对其他地区落后，居民心血管等疾病发病率较高，进而导致其基金支出相对较高。因此从城镇居民大病保险基金运行状况来看，g市、x市城镇居民大病保险制度具有较好的可持续性，而z市、l市和n市城镇居民大病保险制度有一定的基金风险。

在解决 z 市、l 市和 n 市城镇居民大病保险制度可持续性问题上，一方面可以扩大其制度覆盖面，增加大病保险参保人数，充分发挥大数法则原理和风险分担机制，同时可适度提高其筹资水平，增加大病保险基金收入。另一方面要注重基础设施建设，促进地区间医疗卫生资源合理配置，降低其居民发病概率，进而有利于降低大病保险基金支出。同时大病保险应由市级统筹转变为省级统筹，通过省内间基金调剂余缺，有利于克服各地区间发展不平衡、不充分以及医疗卫生资源配置不均衡所造成的大病保险制度不可持续性问题。

表 5-1　2013—2017 年 A 省各地区城镇居民大病保险基金运行状况

单位：万元

项目	年份	g 市	z 市	a 市	l 市	t 市	n 市	x 市
基金收入	2013	—	—	—	—	—	143	2110.57
	2014	1548.77	—	—	—	—	287	4901.77
	2015	3562.2	—	250.06	617	620	272	4837.32
	2016	2602.05	1092	457.41	560	765	527	6744.50
	2017	3228.03	1924	293.96	625	1106.78	832	10833.61
基金支出	2013	—	—	—	—	—	34.65	1944.40
	2014	1151.98	—	—	—	—	138.76	4226.31
	2015	1289.96	—	145.43	149	433.38	153.18	4558.68
	2016	2260.91	1348	272.76	657	714.52	537.01	5770.05
	2017	1457.8	2491	360.04	626	1090.11	907.36	8081.91

续表

项目	年份	g市	z市	a市	l市	t市	n市	x市
当期结余	2013	—	—	—	—	—	108.35	166.17
	2014	396.79	—	—	—	—	148.24	675.46
	2015	2272.24	—	104.63	468	186.62	118.82	278.64
	2016	341.14	-256	184.65	-97	50.48	-10.01	974.45
	2017	1770.23	-567	-66.08	-1	16.67	-75.36	2751.70

2. 住院人员医疗费用使用状况

表5-2显示了2013—2017年A省各地区城镇居民住院人员大病保险医疗费用使用状况。住院总费用方面，各地区既呈现一定的相似性，又具有一定的差异性。相似性主要表现在各地区的住院总费用随着时间的推移均呈现增长趋势，g市、z市、a市、l市、t市、n市和x市自实施大病保险以来住院总费用年均增长分别为15.72%、12.22%、57.97%、25.91%、50.75%、18.54%和27.64%，A省各地区住院总费用呈现增长趋势是因为大病保险制度的实施增加了住院人员医疗费用的报销，更多地释放了医疗卫生服务需求。差异性主要表现在两个方面：一方面，各地区住院总费用差异较大，如z市、x市住院总费用远高于其他地区，z市大病保险实施时间不长，但是其住院总费用较为突出。整体而言，z市经济发展水平不高，大病保险覆盖范围相对其他地区较低，基础设施建设尤其是医疗卫生资源配置方面不健全，加之z市自然环境相对恶劣，导致居民患病率尤其是大病发生率较

高，进而导致了 z 市住院人员总费用较高；而 x 市经济发展水平相对较高，基础设施建设相对完善，尽管个体患病率相对其他地区较低，但是由于 x 市大病保险制度发展时间较长，制度建设相对完善，尤其是在大病保险覆盖范围方面较充分，即大病保险覆盖人数较多，进而能够较充分地释放该地区居民医疗卫生服务需求，同样也会导致 x 市住院总费用较高。另一方面，平均住院费用方面，g 市住院费用远高于 A 省其他地区，这是因为 g 市相对其他地区经济发展水平较高，医疗卫生资源较为充裕，医疗服务成本相对较高；而 z 市、t 市和 n 市其经济发展水平相对落后，医疗服务成本相对较低。因此，医疗服务花费与经济发展水平相适应，是导致 A 省各地区间平均住院费用呈现差异的重要原因。此外，从人口老龄化的角度而言，老年人身体机能衰退较为严重，患病率相对较高，导致其医疗服务需求较为旺盛，而 g 市 65 岁及以上人口的数量远高于其他地区，同样也会导致 g 市平均住院费用远高于其他地区。

表 5-2 2013—2017 年 A 省各地区城镇居民住院人员大病保险医疗费用使用状况

项目	年份	g 市	z 市	a 市	l 市	t 市	n 市	x 市
住院总费用/万元	2013	—	—	—	—	—	10351.13	—
	2014	7332.34	—	—	—	—	13387.06	40600.33
	2015	8814.18	—	1508.99	18518	2244	14498.25	38441.33
	2016	14696.54	55387.54	2690.91	23066	2208	15976.14	52512.39
	2017	10789.44	62157.46	3257.96	28115	4521.61	18026.78	74261.19

续表

项目	年份	g市	z市	a市	l市	t市	n市	x市
平均住院费用/元	2013	—	—	—	—	—	4645.51	—
	2014	49576.34	—	—	—	—	4946.26	31080.40
	2015	72366.01	—	40784	6423	28585	4902.86	25223.97
	2016	55859.14	5708	43613	6189	34446	5139.50	22004
	2017	65153.62	6171.30	44326	6343	34384.86	5624.58	18850

注：2013年x市住院人员医疗费用系手工结算，没有系统数据，因此未在此次统计范围内。

由上述分析可知，虽然A省各地区均实施了大病保险制度，但是部分地区大病保险制度仍然发展不完善，制度覆盖范围有限，因此对于经济发展水平相对落后的z市，应该重点注重大病保险制度覆盖面的扩充。同时由于自然环境的不同，基础设施尤其是医疗卫生资源配置方面存在差异性，地区间个体患病率尤其是大病发生率呈现明显的差异。因此，对自然环境问题、卫生资源配置问题所导致的患病率提高的现象，应该突出研究个体患病率的原因，以合理有效降低个体的患病率。此外，住院人员医疗费用使用状况是与经济发展水平相适应的，对于经济发展水平较高的g市，在解决其平均住院费用高的问题上，应该注重降低医疗费用，可以通过加大其医疗费用支付方式改革，促进医保支付方式由后付制向预付制转变，探索按病种付费、按人头付费和疾病诊断相关分组付费等方式，既能够有效地抑制平均住院费用的过度增长，又能够有效地引导医疗卫生资源的合理配置。

表5-3显示了2013—2017年A省各地区城镇居民大病保险住

院人员个人平均自付费用状况。从大病保险个人负担绝对值来看，g市、a市、t市和x市个人负担较高，其中截至2017年g市大病保险个人平均自付费用高达56350.48元，x市也达到5496元，而z市、l市和n市个人负担较低，其中截至2017年n市大病保险个人平均自付费用仅为1820.81元。可见大病保险个人负担绝对值呈现明显的区域差异。从大病保险个人负担增长幅度而言，g市、z市、a市、l市、t市和n市城镇居民大病保险住院人员个人平均自付费用随着时间的推移整体呈现上升趋势，而x市呈现下降趋势。其中g市、z市、a市、l市、t市和n市城镇居民大病保险住院人员个人平均自付费用年均增长分别为11.62%、3.26%、5.66%、7.94%、13.69%和10.11%，而x市城镇居民大病保险住院人员个人平均自付费用年均下降14.94%。大病保险个人平均自付费用与大病保险报销比例、病种目录、大病保险制度发展状况、地区经济发展水平等密切相关，结合表5-3来看，x市大病保险制度发展相对完善，报销比例增长幅度相对较高，个人自付费用出现负增长，能够充分体现出大病保险的保障效果；而g市、t市和n市大病保险个人自负费用增长幅度较高，应适当提高这些地区大病保险报销比例，扩充大病保险病种目录，进一步完善大病保险制度，抑制其过高的个人自付费用增长幅度。

表 5-3 2013—2017 年 A 省各地区城镇居民大病保险住院人员个人平均自付费用状况

单位：元

年份	g 市	z 市	a 市	l 市	t 市	n 市	x 市
2013	—	—	—	—	—	1296.40	—
2014	41787.42	—	—	—	—	1439.22	9958.37
2015	61775.21	—	15190	2171	6472	1428.73	8171.53
2016	47265.79	2342.80	15869	2711	7973	1615.49	7440
2017	56350.48	2419.23	16910	2581	8244	1820.81	5496

注：2013 年 x 市住院人员医疗费用系手工结算，没有系统数据，因此未在此次统计范围内。

3. 大病保险补偿受益状况

表 5-4 显示了 2013—2017 年 A 省各地区大病保险补偿受益状况，其中大病保险受益率为享受大病保险待遇人数与实际大病保险参保人数的比例，大病保险实际补偿比为大病保险全口径费用报销比例。

大病保险受益率方面，各地区既存在一定的相似性，也存在一定的差异。地区自实施大病保险制度以来，受益率整体随着时间的推移呈现上升趋势，这是因为随着时间的推移，大病保险制度也在不断地发展和完善，制度覆盖面不断扩充的同时，大病保险病种、目录也在不断扩大，进而使原来一部分无法纳入大病保险报销的人群也能够享受到大病保险制度的优惠待遇。差异性主要体现在各地区大病保险受益率差距较大，其中 x 市是最早实施大病保险制度的地区，其大病保险制度发展相对较完善，截至

2017年x市大病保险受益率达到1.31%，相比其他地区大病保险受益率较为突出，而g市、a市截至2017年大病保险受益率分别仅为0.20%和0.29%。大病保险受益率的地区差异主要是由两方面原因造成的：一方面，大病保险制度的发展时间是决定性的因素，发展时间决定了大病保险制度的完善程度，通过不断的试点对成功的经验进行总结采纳，对失败的教训分析原因并适时改变大病保险的政策，进而能够有效地保证大病保险制度与该地区经济发展水平、基础设施建设状况、居民患病概率等因素相适应，最终能够充分发挥大病保险的保障作用。虽然n市也是最早实施大病保险试点的地区，截至2017年大病保险受益率仅为0.35%，但2013—2017年，n市大病保险受益率发展速度较快，年均增长率达84.37%，可见n市大病保险受益率虽然在数量上不及x市，但是其增长率较为突出，依然可看出大病保险制度的发展时间对大病保险受益率影响较大。另一方面，个体患大病的概率是导致大病保险受益率存在地区差异的直接因素。A省各地区经济发展水平不同、自然环境不同、医疗卫生资源配置不均衡等因素导致了地区间个体患大病的概率存在一定差异，而大病保险服务的对象则是对于患大病的个体进行适度的保障，对于经济发展水平相对较高、自然环境相对较好、医疗卫生资源配置相对较充分的g市而言，其个体患大病的概率相对较低，因此虽然g市大病保险受益率较低，但是直接因素是个体患大病的概率较低，进而导致个体即使参加了大病保险，由于不符合大病保险病种、目录和医疗费用享受标准,也无法获得大病保险的优惠待遇。

大病保险实际补偿比方面,a市、n市截至2017年分别为22.46%和20.48%,与其他地区相比实际补偿比较为突出,而x市、l市截至2017年分别仅为9.58%和11.77%,与其他地区相比排名较低,可见大病保险实际补偿比存在地区差异。同时,各地区大病保险实际补偿比也存在一定的相似性,即随着时间的推移,各地区大病保险实际补偿比整体呈现下降趋势,其中g市、z市、n市和x市大病保险实际补偿比下降较为严重,而a市、l市和t市大病保险实际补偿比虽然短时间没有出现下降趋势,但是其上升趋势也不明显。

表5-4　2013—2017年A省各地区大病保险补偿受益状况　　（%）

项目	年份	g市	z市	a市	l市	t市	n市	x市
受益率	2013	—	—	—	—	—	0.08	—
	2014	0.20	—	—	—	—	0.02	0.46
	2015	0.17	0.30	0.14	0.29	0.37	0.02	0.54
	2016	0.33	0.41	0.26	0.45	0.30	0.20	0.86
	2017	0.20	0.40	0.29	0.54	0.71	0.35	1.31
实际补偿比	2013	—	—	—	—	—	34.12	—
	2014	15.70	—	—	—	—	32.79	10.41
	2015	14.60	17.79	20.56	10.46	16.30	31.86	11.86
	2016	15.30	16.10	21.79	11.66	15.20	25.51	11.13
	2017	13.50	14.69	22.46	11.77	19.50	20.48	9.58

注:2013年x市住院人员医疗费用系手工结算,没有系统数据,因此未在此次统计范围内。

根据A省各地区大病保险补偿受益状况分析可知,A省大病保险在补偿受益方面仍然存在突出问题。首先，大病保险受益率较低，导致大病保险实际作用受到限制。截至 2017 年，A 省大病保险受益率最高的地区 x 市也仅为 1.31%，较低的受益率导致大病保险无法充分发挥其保障功能，不利于大病保险制度设计目标的实现。其次，大病保险实际补偿比随着时间的推移不但没有上升，反而出现整体性的下降趋势，这表明 A 省应该进一步降低大病保险报销门槛，增加大病保险保障病种，扩充大病保险目录，提高大病保险的保障水平，将更多的患病个体纳入大病保险保障范围，切实保障个体医疗服务需求。最后，A 省大病保险补偿受益状况呈现明显的区域不平等状况，因此要进一步优化医疗卫生服务资源配置，加大对经济发展相对落后、自然环境恶劣、基础设施建设不完善地区的医疗卫生服务资源配置倾斜力度，保障其大病保险制度稳定而高效发展，同时要注重落后地区大病保险制度的可持续性发展，在合理控制大病保险基金支出的同时，也应该进一步扩充大病保险覆盖范围，充分发挥大病保险制度的风险分担机制。

通过对 A 省大病保险运行情况的案例分析，可以"以小见大""管中窥豹"，发现和总结大病保险实际经验和效果。总的来说，各地均已开展大病保险制度，大病保险基金来自基本医保，整体上基金比较安全，但也存在部分地区收不抵支的情况；在大病保险基金使用方面，基金使用量整体在逐年增长；在大病保险住院人员医疗费用使用状况方面，各地区住院总费用和平均住院费用均存在较大的差异，大病保险住院人员个人平均自付费用在大部分地区呈现增长趋势，仍然需要进一步提高大病保险报销比例，扩充大病保险病种目录；在大病保险补偿受益方面，整体看还是提高了待遇水平，但效果不太明显，且存在待遇下降的趋势，值得重视。总之，尽管大病保险制度已经运行一段时间，但各地发展不太平衡，差异较大，与当地的自然生态环境、社会经济发展水平、人口结构、医疗卫生条件等有密切的关系。

总之，本部分基于对全国范围内的政策规定与相关运行资料的收集分析、部分地区的实践调研以及特定地区大病保险基金运行情况的分析，实证评估大病保险的运行状况，可以发现当前大病保险在实践中取得了一定的成效，同时也存在一些需要进一步解决的问题：①从制度的保障效果来看，大病保险保障了城乡居民的大病费用支出，提高了保障的水平，在一定程度上缓解居民因病致贫返贫的问题，同时也改善了群众的就医体验，但由于报销目录、起付线、封顶线、支付比例等制度要素的限制，大病保险的保障程度还有待进一步提高，制度的实际效应受到了抑制。②从大病保险的经办管理来看，大病保险引入商业健康保险公司承办创新了医疗保险的管理服务方式，可以发挥商业健康保险公司的技术和人员优势，但由于外在环境限制、经验不足等，商业保险机构的优势不能有效发挥，在实施过程中各种缺陷逐渐凸显，在社商合作中各自的定位、大病保险的盈亏分担、参保信息使用等方面还有待进一步厘清。③从大病保险基金运行的可持续性看，短期内基金可以实现收支平衡，但由于缺乏稳定的筹资机制，随着医疗费用的增长与保障水平的提高，大病保险存在收不抵支的风险，资金问题仍是困扰大病保险制度运行的重要因素。此外，统筹层次低、各地区在经济发展水平、疾病谱与居民健康水平、医疗卫生资源、人口结构等方面的差异，也是降低大病保险基金风险分担能力、制约大病保险保障效应的因素。

第六章　完善大病保险的设想：发展模式与优化路径

随着大病保险进入纵深发展的新阶段，发展目标已经从简单扩大覆盖面转变为促进实质公平，这就需要评估大病保险制度运行效果，寻找创新发展的模式和路径，进而提高大病保险的制度运行效率和资源配置效率。创新大病保险发展模式和路径是大病保险进一步发展亟待解决的关键性问题。在前期研究的基础上，本书认为大病保险创新发展的模式与路径是实现横向制度整合和纵向制度无缝衔接，即横向城乡居民大病保险制度整合，纵向大病保险与基本医保、补充医保、医疗救助、商业保险等衔接和融合。在发展理念、制度定位、筹资方式、管理主体、补偿方式、制度联动、制度创新等方面优化体制机制，使大病保险更公平、更高效、更可持续。

（一）发展理念：化解灾难性医疗支出风险，保障人群健康公平

大病保险作为一项解决因病致贫、因病返贫的化解机制，其发展理念是为了免除或减少灾难性医疗支出风险，保障人群健康公平。从世界各国应对灾难性医疗支出的化解机制来看，都将尽可能降低个人疾病经济风险作为医保制度的核心目标，使人们不会因为经济状况而放弃就医。因此，我国大病保险制度要定位于消除患者看病的后顾之忧，立足于化解灾难性医疗支出风险，减轻大病患者的疾病负担脆弱性，防止因病致贫和因病返贫，确保

人人享有健康的权利，保障人群健康公平，实现制度良性发展目标。而从实践上看，目前的大病保险制度在目标上还不是十分清晰，因此造成一定的普惠效应，对真正陷入疾病灾难性风险的人群保障水平有限，不能有效解决因病致贫和因病返贫的问题。要进一步优化大病保险的界定标准，合理确定个人和家庭灾难性支出的指标，使之与大病保险防止发生家庭灾难性卫生支出的目标相契合。

（二）制度定位：瞄准重点人群，实施精准保障

目前我国的大病保险制度还是"普惠性"的，并没有完全区分低收入和困难人群。根据《指导意见》，"高额医疗费用，可以个人年度累计负担的合规医疗费用超过当地统计部门公布的上一年度城镇居民年人均可支配收入、农村居民年人均纯收入为判定标准"，因此所有达到该标准的参保人都可以得到二次报销。但很显然，同样的医疗费用对不同收入家庭来说影响不一样，对低收入者消耗同样的医疗费用对家庭生活的冲击更大。而现行政策却是只要超过当地收入标准，就可以得到相同的补偿。这种"撒芝麻式"的补偿方式降低了大病贫困患者的保障力度。因此，大病保险制度的发展导向应更明确定位于困难人群，从普惠型大病保险发展到瞄准重点人群，如贫困人口、罹患重特大疾病和罕见

病人口。也就是说，在进行医疗费用的二次报销时，重点锁定贫困大病患者（如城市低保户以及农村建档立卡人员），配合以医疗救助政策，强化大病保险化解灾难性医疗支出风险的功能，实现大病保险重点人群精确瞄准和大病类型精准保障，提高资源配置效率。

（三）筹资方式：扩大财源，多渠道供款

目前大病保险的筹资主要来源于基本医疗保险，《指导意见》指出，"从城镇居民医保基金、新农合基金中划出一定比例或额度作为大病保险资金。城镇居民医保和新农合基金有结余的地区，利用结余筹集大病保险资金；结余不足或没有结余的地区，在城镇居民医保、新农合年度提高筹资时统筹解决资金来源，逐步完善城镇居民医保、新农合多渠道筹资机制"。基本医疗保险基金作为大病保险的主要来源，从短期看可以支撑；但从长远看，随着大病保险的发展，覆盖范围、保障水平的提高，必然会对基本医保基金带来冲击。以基本医保基金划拨为主的筹资渠道造成了大病保险基金缺乏独立性，制度的发展受限于医保基金。从各地区实践来看，除大部分地区将医保基金划拨作为资金筹集来源外，还有一部分地区对资金筹集来源进行了扩充，例如，江西提出建立健全大病保险多渠道筹资模式；山西将"依法

接受各种形式的社会捐助"写入政策文件，也是对拓展资金筹集渠道的探索，为其他地区提供了有益经验。因此，可以通过引入社会力量参与，扩大资金筹集渠道，推动制度的可持续发展。

（四）管理主体：竞争合作，平等参与

就大病保险的管理主体而言，《指导意见》提出，"城乡居民大病保险的承办采取向商业保险机构购买大病保险的方式"，这表明大病保险的经营要按照市场化手段充分竞争，政府与市场合作。在医保领域首次引入商业保险机构参与，实现社保与商保的合作，是对医保管理服务的一种探索与创新。然而，在商保机构承办大病保险的过程中，大病保险管理政策由医保机构制定，包括筹资、保障范围、报销比例、商保经营大病保险的盈利率以及承担亏损比例等，商保仅扮演"出纳"的角色。不对等的地位使商保机构的所有活动以政府的政策制定为准而缺乏独立性，限制了专业化运作优势的发挥。在风险分担方面，商业保险机构处于被动地位，政策规定商业保险的盈利率为一定比例（4%～5%），剩余返还医保基金，而非政策性亏损由商业保险机构承担或者一些地区采取商业保险机构自负盈亏模式，这种设计使商业保险机构面临很大的经营风险，不利于商业保险机构与社会保险机构稳定合作关系的形成。只有平等互利，才能保证大病保险制

度长期稳定发展，因此目前这种为医保机构充当"出纳"的合作方式是不可持续的。

事实上，一方面，商业保险与社会保险的关系应该是基本与补充的关系，补充医保的主要功能是补充基本医疗保险的不足，或填补其空白，即基本医疗保险未保到和不应保的特殊医疗需求，或弥补和减轻个人自付医疗费用。而大病保险就其属性来说，是基本医保的一部分，在运行机制上，不过是在基本医疗保险报销的封顶线以上再进行二次报销。从理论上说，等于商保公司直接参与了基本医保的管理运营。但从法理上，医保应该是由社会保险行政部门来管理。《中华人民共和国社会保险法》在第一章总则的第七条明确规定："国务院社会保险行政部门负责全国的社会保险管理工作。"因此，商保到底应该以什么身份参与基本医保？很显然，它肯定不是社会保险机构，但社保可以通过向商保公司投保（大病保险）或者购买商保服务（外包经办业务）与商保公司合作。无论哪种方式，双方应该是平等的关系，医保经办机构与商保公司签订商业合同，进一步明确其权利与义务，保证商保公司的合法利益。

另一方面，在实践中，一些地区在《指导意见》出台前，或者根据当地的实际需要，大病保险是由社保部门管理运行的且效果很好。因此，对于大病保险的管理主体，应该放松管制，既可以是商业保险机构经营，也可以是社会保险部门管理，形成竞争合作、多方参与的格局。通过大病保险管理成本的测算和评估,建立大病保险管理成本费用核算机制,实现大病保险运营成本效益最优;结合社会保险经办管理改革趋势,发挥社会力量介入大病保险管理的作用和优势,实现大病保险管理运营的社会化。

(五)补偿方式:基金封顶转向自付封顶,目录内延伸到目录外

《指导意见》指出,"大病保险主要在参保(合)人患大病发生高额医疗费用的情况下,对城镇居民医保、新农合补偿后需个人负担的合规医疗费用给予保障"。如何理解"合规"的含义,《指导意见》并没有明确,而是说"合规医疗费用,指实际发生的、合理的医疗费用,具体由地方政府确定"。在实践中,一些地区仍然沿用基本医保设置起付线、封顶线的办法以及以基本医保目录为补偿依据,这导致居民保障待遇水平并没有实质性的提高,大病保险并没有发挥防止因病致贫的作用。从国际经验看,大部分实施医疗保险的国家(地区),都会规定个人支付费用的封顶线,而不是医保基金支出的封顶线,因此取消基金封顶线是我国提高大病保障的迫切要求。如果部分地区由于经济条件限制无法做到一步到位,可以有一个过渡时期,即在一定时期内通过逐步提高基金封顶标准的方法,直至取消。同时,通过谈判机制,降低重特大疾病基本医保目录外的药品价格,使大病保障从目录内延伸到目录外。据报道,成都市医保局与医药企业

进行重大疾病药品价格谈判，最终确定 26 种重大疾病药品，纳入医保报销。这既保障了大病患者的用药，又确保了医保基金的有效使用，避免浪费。通过大病保险补偿环节基金封顶转向个人自付封顶，以及目录内延伸到目录外，可以有效降低大病患者的实际疾病经济负担，真正发挥大病保险化解灾难性医疗支出风险的制度功能，从而回归大病保险的建制初衷。

（六）制度联动：横向制度合作分工，无缝衔接

大病保险作为基本医疗保障制度的拓展和延伸，是对基本医疗保障的有益补充。除了基本医保和大病保险外，医疗救助、商业健康保险及慈善救助等都与大病保险相关，但在实践中，各项制度各行其是，没有形成合力，弱化了对大病的保障功能。因此，需要整合各种制度资源，使各自的功能有效发挥作用。基本医保定位于基本保障，有起付线、共付段和封顶线以及三个目录的限定。大病保险主要对于基本医保基金封顶线以上的高额医疗费用进行再补偿；同时也瞄准一些重特大疾病，对患这些疾病的人，其医疗费用不在目录内的，给予报销的倾斜。医疗救助对困难参保人员的基本医保参保缴费、起付线以下、共付段部分个人费用进行补助。商业健康保险针对有更高保障需求和支付能力的人提供基本保障之外的保险产品。慈善救助可以作为以上各项制

度的补充，发挥作为社会资源的辅助作用。通过横向各项制度的功能互补与结构分担，实现医疗保障制度无缝衔接，从而发挥制度联动的整合功效。

（七）制度创新：构建一体化的基本医保制度

以上对大病保险发展模式和优化路径进行的阐述，可看作制度短期和中期（5~10年）发展的方向。从长远看，医保资源可以进一步合并，如基本医保+大病医保+医疗救助合为一体。医疗保险是参保人预先缴费，医保机构将保费进行集中管理，形成基金池。其最主要目标是用医保缴费基金为参保人享受的医疗服务所产生的医疗费用买单，即参保人有了医疗保障后，对看病就医没有后顾之忧。所以医保是一种风险转移和分担机制，可以实现参保人就医保障和就医公平性。无论是基本医疗保险，还是大病保险，抑或是医疗救助，都是对参保人的医疗费用进行补偿，目标是一致的，只不过发生作用的阶段和对象有所区分，如大病保险是对基本医保基金封顶线以上进行报销，医疗救助是对参加基本医保中的困难人群进行资金支持等。没有必要将基本医保制度链条人为割裂开来，形成"碎片化"格局。在国际社会，实行社会医疗保险制度的国家基本上不区分基本医保、大病保险和医疗救助，都放在一个医疗保险制度中，不分彼此，共同发挥作用。

2018年国家成立了医疗保障局，将基本医疗保险、大病保险和医疗救助的职能整合到医保局，这为构建统一的医保制度打下了体制的基础；将基本医保、大病医保、医疗救助整合为一个统一的制度，会进一步发挥制度合力的优势，为参保人提供更加有效的保障。此外，商业保险、工会互助、慈善救助等应定位于补充保险。商业保险完全依靠市场化经营，工会互助和慈善救助依靠社会化（非营利）组织经营，形成多层次的医保制度体系；将基本医疗保障作为医保的公共资源，商保作为市场资源，工会互助和慈善救助作为社会资源，共同担负起对参保人的保障职责。

参考文献

[1] BREDENKAMP C, MENDOLA M, GRAGNOLATI M. Catastrophic and impoverishing effects of health expenditure: New evidence from the Western Balkans [J]. Health Policy and Planning, 2011 (26): 349-356.

[2] PHELPS C, MUSHLIN A. On the equivalence of cost effectiveness and cost-benefit analysis [J]. International Journal of Technology Assessment in Health Care, 1991, 7 (1): 12-21.

[3] DRUMMOND M F, SCULPHER M J, TORRANCE G W. Methods for the economic evaluation of health care programmers (3rd edn) [M]. Oxford University Press, 2005.

[4] MCINTOSH E, CLARKE P, EMMA J Frew, et al. Applied methods of cost-benefit analysis in health care [M]. Oxford University Press, 2010.

[5] GRAVELLE H, SMITH D. Discounting for health effects in cost benefit and cost effectiveness analysis [J]. Health Economics, 2001, 10

(7): 587-599.

[6] BARLOW J, ROEHRICH J, WRIGHT S. Europe sees mixed results from public-private partnerships for building and managing health care facilities and services [J]. Health Affairs, 2013, 32 (1): 146-154.

[7] FRENK J. Bridging the divide: Global lessons from evidence based health policy in Mexico [J]. The Lancet, 2006, 368 (9): 954-961.

[8] PAULY M. Cost-effectiveness analysis and insurance coverage solving a puzzle [J]. Health Economics, 2014 (26): 1-10.

[9] LOTAN Y, CADEDDU JA, ROERHBORN CG, et al. Cost-effectiveness of medical management strategies for nephrolithiasis [J]. The Journal of Urology, 2004, 172 (6): 2275-2281.

[10] BALA M, ZARKIN G, MAUSKOPF J. Conditions for the near equivalence of cost-effectiveness and cost-benefit analysis [J]. Value in Health, 2002, 5 (4): 338-346.

[11] DEVADASAN N, CRIEL B, DAMME W, et al. Indian community health insurance schemes provide partial protection against catastrophic health expenditure [J]. MBC Health Services Research, 2007 (7): 1-11.

[12] ANGEVINE P, BERVEN S. Health economic studies an introduction to cost benefit, cost effectiveness and cost utility analyses [J]. Spine, 2014, 39 (22): 9-15.

[13] PHELPS C E, MUSHLIN A. On the equivalence of cost-effectiveness and cost-benefit analyses [J]. International Journal of Technology

Assessment in Health Care, 1991 (7): 12-21.

[14] Kleef R C. Managed competition in the dutch health care system: Preconditions and experiences so far [J]. Public Policy Review, 2012, 8 (14): 145-170.

[15] COLLINS S, RADLEY D, SCHOEN C, et al. National trends in the cost of employer health insurance coverage, 2003-2013 [J]. The Commonwealth Fund, 2014: 12.

[16] TATARA K, OKANOTO E. Japan health system review [J]. Health Systems in Transition, 2009, 11 (5): 1-164.

[17] SOMKOTRA T, LAGRADA L. Which households are at risk of catastrophic health spending: Experience in Thailand after universal coverage [J]. Health Affairs, 2009, 28 (3): 467-478.

[18] LOTAN Y, CADEDDU J, ROERHBORN C. Cost - effectiveness of meqical management strategies for nephrolithiasis [J]. Journal of Urology, 2004, 172 (6): 2275-2281.

[19] KIM Y, YANG B. Relationship between catastrophic health expenditures and household incomes and expenditure patterns in South Korea [J]. Health Policy, 2011 (100): 239-246.

[20] KAVOSI Z, RASHIDIAN Z, POURREZA A. Inequality in household catastrophic health care expenditure in a low income society of Iran [J]. Health Policy and Planning, 2012 (27): 613-623.

[21] 卞呈祥, 俞彤. 城乡居民大病保险经办运行机制探讨——以厦门为例 [J]. 卫生经济研究, 2013 (4): 32-34.

[22] 蔡辉, 吴海波. 大病保险与重疾险: 制度比较与融合发展 [J]. 中

国农村卫生事业管理，2015，35（10）：1236-1239.

[23] 曾乔林，高小莉，袁一菡，等. 城乡居民大病保险教训分析——以遂宁市为例［J］. 中国医疗保险，2016（6）：31-34.

[24] 常文虎，赵劲红，邹声金，等. 大病医疗统筹对农民灾难性卫生支出作用的案例研究［J］. 中国初级卫生保健，2005（2）：5-10.

[25] 陈文辉. 我国城乡居民大病保险发展模式研究［J］. 保险研究，2013（9）：129.

[26] 程斌. 农村居民大病保险的运行分析［J］. 中国卫生经济，2018，37（4）：25-27.

[27] 仇雨临，黄国武. 大病保险运行机制研究：基于国内外的经验［J］. 中州学刊，2014（1）：61-66.

[28] 仇雨临，翟绍果，黄国武. 大病保险发展构想：基于文献研究的视角［J］. 山东社会科学，2017（4）：58-64.

[29] 仇雨临. "大病保险"终归是一个医疗费用的概念［J］. 中国医疗保险，2013（6）：44.

[30] 仇雨临. 大病保险的定位与治理［J］. 山东社会科学，2017（4）：2，58.

[31] 董曙辉. 关于大病保险筹资与保障范围的思考［J］. 中国医疗保险，2013（4）：9-11.

[32] 高小莉. "大病"以医疗费用为判定标准相对公平［J］. 中国医疗保险，2013（6）：43-44.

[33] 韩颖，郑建中，覃凯，等. 山西省卫Ⅳ项目地区农民因病致贫研究［J］. 山西医科大学学报，2003（3）：220-222.

[34] 何文炯, 杨一心. 医疗保障治理与健康中国建设 [J]. 公共管理学报, 2017 (2): 132-138, 159.

[35] 何文炯. 大病保险辨析 [J]. 中国医疗保险, 2014 (7): 12-14.

[36] 何文炯. 大病保险制度定位与政策完善 [J]. 山东社会科学, 2017 (4): 65-69.

[37] 何文炯. 建设更加公平可持续的医疗保障制度 [J]. 中国行政管理, 2014 (7): 21-24.

[38] 贺晓娟, 陈在余, 马爱霞. 新型农村合作医疗缓解因病致贫的效果分析 [J]. 安徽农业大学学报 (社会科学版), 2012, 21 (5): 1-4.

[39] 黄国武. 大病保障模式比较及发展路径研究: 以成本—效益分析为视角 [J]. 社会保障评论, 2017, 1 (4): 154-159.

[40] 贾洪波. 大病保险与基本医保关系之辨: 分立还是归并? [J]. 山东社会科学, 2017 (4): 70-75.

[41] 金维刚. 重特大疾病保障与大病保险的关系解析 [J]. 中国医疗保险, 2013 (8): 47.

[42] 李东华, 吴荣海, 艾丽唤, 等. 湖北省城乡居民大病保险制度剖析 [J]. 中国卫生经济, 2016, 35 (8): 38-42.

[43] 李阳, 段光锋, 袁丽, 等. 我国大病保险发展趋势分析——基于三种典型模式 [J]. 卫生经济研究, 2018 (4): 17-19.

[44] 李叶, 吴群红, 高力军. 我国农村居民灾难性卫生支出的制度成因分析 [J]. 中国卫生政策研究, 2012, 5 (11): 55-59.

[45] 李志培, 肖敏. 职工医疗互助缓解重特大疾病风险的功能及发展走势 [J]. 中国医疗保险, 2013 (2): 39-41.

[46] 刘洋. 城乡居民大病保险问题与对策研究——以陕西省为例[J]. 西安交通大学学报（社会科学版），2016，36（6）：75-78.

[47] 娄宇. 大病保险制度的法律定位存疑与改革思考[J]. 中国医疗保险，2015（8）：11-13.

[48] 吕兴元，刘运良. 湖南城乡居民大病保险实施效果及思考——基于郴州市城乡居民大病保险试点[J]. 中国医疗保险，2016（3）：55-56，59.

[49] 乔东平. 农村医疗救助制度运行情况分析——基于重庆市渝北区农村住院医疗救助数据[J]. 理论前沿，2009（23）：25-27.

[50] 石孝军. 商业保险公司经办城乡居民大病保险需慎重[J]. 中国医疗保险，2013（8）：44-45.

[51] 宋宝香，孙文婷. 商业保险机构参与医疗保障体系的模式比较研究——以城乡居民大病保险为例[J]. 中国卫生管理研究，2016，1（00）：84-103，198-199.

[52] 宋大平，赵东辉，汪早立. 关于商业保险机构参与基本医疗保险经办服务的思考[J]. 中国卫生经济，2017，36（6）：45-49.

[53] 宋占军. 城乡居民大病保险保障水平分析[J]. 中国物价，2018（5）：89-91.

[54] 宋占军. 城乡居民大病保险运行评析[J]. 保险研究，2014（10）：98-107.

[55] 宋占军. 天津市城乡居民大病保险保障水平研究[J]. 中国卫生经济，2016，35（8）：43-44.

[56] 宋占军. 我国各地城乡居民大病保险追踪与分析[J]. 上海保险，2013（12）：34-39.

[57] 孙东雅. 商业健康保险的应有作用没有得到充分发挥 [J]. 中国医疗保险, 2013 (3): 41.

[58] 唐兴霖, 黄运林, 李文军. 地方政府城乡居民大病保险政策比较及其优化研究 [J]. 理论探讨, 2017 (6): 151-156.

[59] 汪潇, 薛秦香, 高建民, 等. 互助医疗项目降低家庭灾难性卫生支出发生率的纵向研究 [J]. 中国卫生经济, 2010, 29 (6): 25-27.

[60] 王保真. 城乡居民大病保险再认识 [J]. 中国社会保障, 2014 (6): 74-75.

[61] 王保真. 城乡居民大病保障特点与实质 [J]. 中国社会保障, 2016 (11): 84.

[62] 王丽丹, 江启成, 王安珏, 等. 安徽省农村居民灾难性卫生支出状况分析 [J]. 中国卫生政策研究, 2012, 5 (4): 59-62.

[63] 王黔京, 沙勇, 陈芳. 民族地区农村家庭健康现状调查与健康精准扶贫策略研究——基于云南省的抽样数据 [J]. 贵州民族研究, 2017, 38 (6): 48-53.

[64] 王黔京. 贵州城乡居民大病保险实施效果评价及对策研究——基于首批试点三个市（州）的实地调研 [J]. 贵阳市委党校学报, 2018 (3): 1-9.

[65] 王琬, 闫晓旭. 政府购买大病保险服务的政策演进路径研究 [J]. 江汉学术, 2017, 36 (6): 5-11.

[66] 王琬. 大病保险筹资机制与保障政策探讨——基于全国 25 省《大病保险实施方案》的比较 [J]. 华中师范大学学报（人文社会科学版）, 2014, 53 (3): 16-22.

[67] 王琬. 大病保险公私合作的风险及其治理研究[J]. 山东社会科学, 2017(4): 76-81.

[68] 王永超. 宁夏城乡居民大病保险运行分析[J]. 中国医疗保险, 2016(6): 35-38.

[69] 魏哲铭, 贺伟. 城乡居民大病保险制度实施困境与对策——以西安市为例[J]. 西北大学学报(哲学社会科学版), 2017, 47(4): 107-113.

[70] 乌日图. 关于大病保险的思考[J]. 中国医疗保险, 2013(9): 29.

[71] 吴海波. 大病保险筹资动态调节机制研究[J]. 金融与经济, 2014(5): 14, 85-88.

[72] 仙蜜花. 商业保险参与城乡居民大病医疗保险研究[J]. 财政监督, 2014(11): 70-75.

[73] 向国春, 顾雪非, 李婷婷, 等. 我国城乡居民大病保险发展面临的困难与挑战[J]. 中国卫生经济, 2014, 33(5): 15-16.

[74] 熊先军, 高星星. 规治大病政策回归制度本位[J]. 中国医疗保险, 2016(3): 21-23.

[75] 徐翠薇, 左停. 城乡居民大病保险制度的统一性与灵活性研究[J]. 农村经济与科技, 2018, 29(3): 201-205.

[76] 徐善长. 大病保险: 健全医保体系的重要环节[J]. 宏观经济管理, 2013(3): 31-32.

[77] 徐玮. 灾难性卫生支出的风险因素及防范措施——基于杭州市的实践探索[J]. 中国医疗保险, 2015(5): 47-49.

[78] 闫菊娥, 闫永亮, 郝妮娜, 等. 三种基本医疗保障制度改善灾难

性卫生支出效果实证研究 [J]. 中国卫生经济, 2012, 31 (1): 26-28.

[79] 杨睿. 我国大病医疗保险制度及其发展策略 [J]. 中国卫生政策研究, 2013, 6 (6): 35-38.

[80] 杨燕绥. 大病医疗保险的"因"与"果" [J]. 中国医疗保险, 2013 (8): 45.

[81] 于保荣. 大病保险: 四个角度的思考 [J]. 金融博览, 2016 (12): 13-14.

[82] 袁悦, 胡兴琦. 湖北典型地区重特大疾病多层次医疗救助体系研究 [J]. 卫生软科学, 2013, 27 (8): 476-479.

[83] 詹长春, 左晓燕, 周绿林. 经济发展新常态下的农村居民大病保险可持续发展研究——基于江苏的实践调研 [J]. 经济体制改革, 2016 (5): 81-85.

[84] 张博, 咸胜玉, 王永超, 等. 宁夏大病保险实践的启示 [J]. 中国医疗保险, 2015 (11): 37-39.

[85] 赵斌. 探索大病医疗保险服务新模式 [J]. 浙江经济, 2015 (18): 60-61.

[86] 郑秉文, 张兴文. 一个具有生命力的制度创新: 大病保险"太仓模式"分析 [J]. 行政管理改革, 2013 (6): 21-29.

[87] 郑梦灵. 从大病保险的政策定位看商业保险的有效参与 [J]. 保险职业学院学报, 2017, 31 (1): 62-65.

[88] 郑伟. 推进大病保险的思考 [J]. 宏观经济管理, 2013 (3): 33-34, 37.

[89] 钟起茂. 积极探索　开拓创新　努力探索重特大疾病救助工作新

机制[J]. 中国民政, 2013 (7): 51.

[90] 周绿林. 社保部门主办"大病医疗保险"路径可期[J]. 中国医疗保险, 2014 (1): 19-20.

[91] 周永康, 王晓刚, 黄俞敏, 等. 武汉市新农合大病保险实施效果评价[J]. 中国农村卫生事业管理, 2015, 35 (10): 1239-1241.

[92] 朱俊生. 大病保险可持续发展需要法治保障[J]. 中国医疗保险, 2017 (7): 27.

[93] 朱铭来, 宋占军, 王歆. 大病保险补偿模式的思考——基于天津市城乡居民住院数据的实证分析[J]. 保险研究, 2013 (1): 97-105.

[94] 朱铭来, 宋占军. 商保经办大病保险的优劣势比较分析[J]. 中国医疗保险, 2014 (9): 19-21.

[95] 朱铭来, 于新亮, 宋占军. 我国城乡居民大病医疗费用预测与保险基金支付能力评估[J]. 保险研究, 2013 (5): 94-103.

[96] 朱铭来, 于新亮, 王美娇, 等. 中国家庭灾难性医疗支出与大病保险补偿模式评价研究[J]. 经济研究, 2017, 52 (9): 133-149.

[97] 朱铭来. 融资模式和补偿条件决定了大病保险的性质[J]. 中国医疗保险, 2013 (8): 46.

附　录

《大病保险创新发展的模式与路径研究》访谈提纲

1. 本省何时建立的居民大病保险制度？

2. 居民大病保险是否分为城镇居民大病保险和农村居民大病保险？

3. 居民大病保险是县市级统筹吗？

4. 居民大病保险主要内容是什么？

5. 居民大病保险运行情况如何？（如覆盖面、居民医疗费用报销情况、报销范围、基本医保基金是否可承担？商业保险公司管理运营情况等）

6. 参保居民对该制度的反应如何？

7. 目前存在的主要问题是什么？

8. 居民大病保险制度应该如何完善？

后 记

本书是中国人民大学仇雨临教授主持的中国人民大学科学研究基金项目《大病保险创新发展的模式与路径研究》(17XNL009)的最终研究成果。《大病保险创新发展的模式与路径研究》汇集了仇雨临教授领导的研究团队的集体智慧。全书的具体分工如下：第一部分和第三部分由王昭茜撰写，第二部分由冉晓醒撰写，第四部分由冉晓醒和张玮、董春晓、王健、达珍撰写，第五部分由冉晓醒、吴伟和张鹏飞撰写，第六部分由仇雨临撰写。全书由仇雨临设计框架、统稿、定稿，王昭茜承担了此书的内容整理、格式调整和文字校对工作。

课题组在历时两年多的调研工作中付出了艰辛的努力，做出了重要的贡献，在此向他们表示深深的谢意。同时，还要感谢为课题组实地调研提供大力支持的三个地区的人力资源和社会保障部门的领导和工作人员以及参与调研的所有人士。

作为对大病保险创新发展的模式与路径的探索，研究团队尽管取得了一定的成果,但由于课题主持人和课题组成员的研究水平有限,本书难免存在疏漏或不妥之处,恳请专家学者和广大读者批评指正。

仇雨临

2020 年 10 月 27 日于中国人民大学